AF197378

1. Sprich jedes Wort. Suche den ersten Laut auf der Lauttabelle.
Schreibe ihn zu dem Bild.

 L l

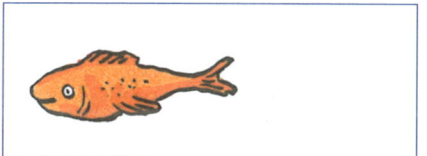

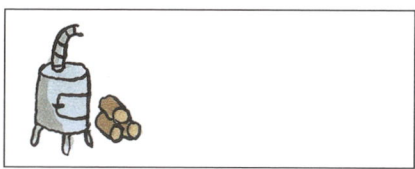

2. Verbinde die Wörter, die am Anfang gleich klingen.

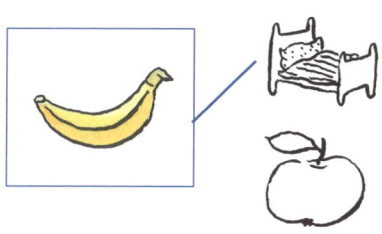    

    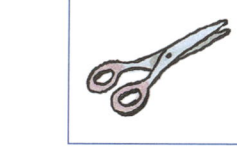 

      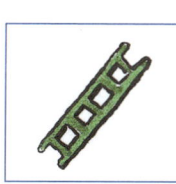 

 Mein Name:

1. Male Bilder mit dem gleichen Anlaut in einer Farbe an.

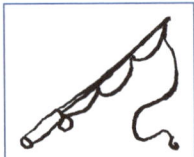     

2. Sprich die Wörter deutlich. Zeichne für jeden Laut ein Kreuz.

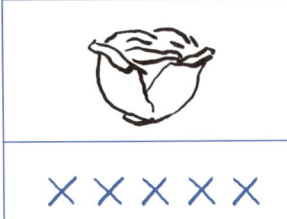  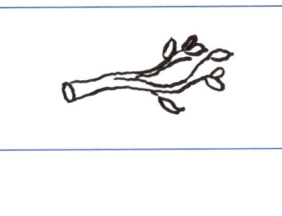 

X X X X X

3. Verbinde die Buchstaben mit den passenden Bildern.

H   L   P   S   U   Z   E   K   O   R   T   W

Mein Name:

1. Sprich jedes Wort deutlich. Schreibe Laut für Laut.

W A L

2. Sprich jedes Wort deutlich. Zeichne für jeden Laut ein Kreuz. Schreibe Laut für Laut.

× × × × ×

PAKET

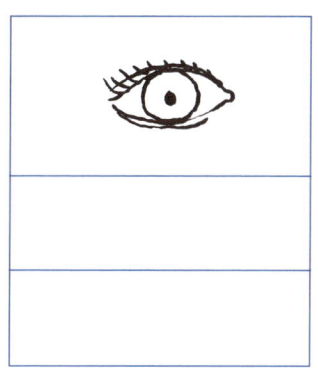

3. Sprich jedes Wort deutlich. Schreibe Laut für Laut.

1. Sprich die Wörter deutlich. Zeichne die Silbenbögen.

   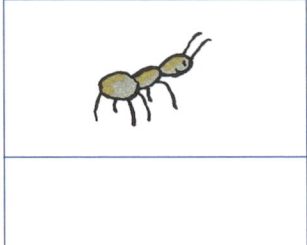

2. Schwinge die Silben.
Was gehört in welche Schultasche? Male in der passenden Farbe an.

3. Sprich die Wörter deutlich. Zeichne die Silbenbögen.

4

© 2008 Oldenbourg Schulbuchverlag. **Mimi die Lesemaus.** Arbeitsheft

M m  Mein Name:

1. Male alle Dinge an, in denen du **M m** hörst.

2. Sprich jedes Wort deutlich. Wo hörst du **M m**?
Male die Bilder an. Schwinge und zeichne die Silbenbögen.

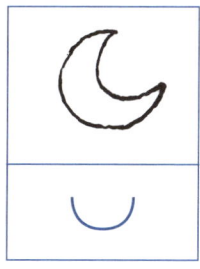     

3. Male alle Felder mit **M** grau aus.
Male alle Felder mit **m** rot aus.

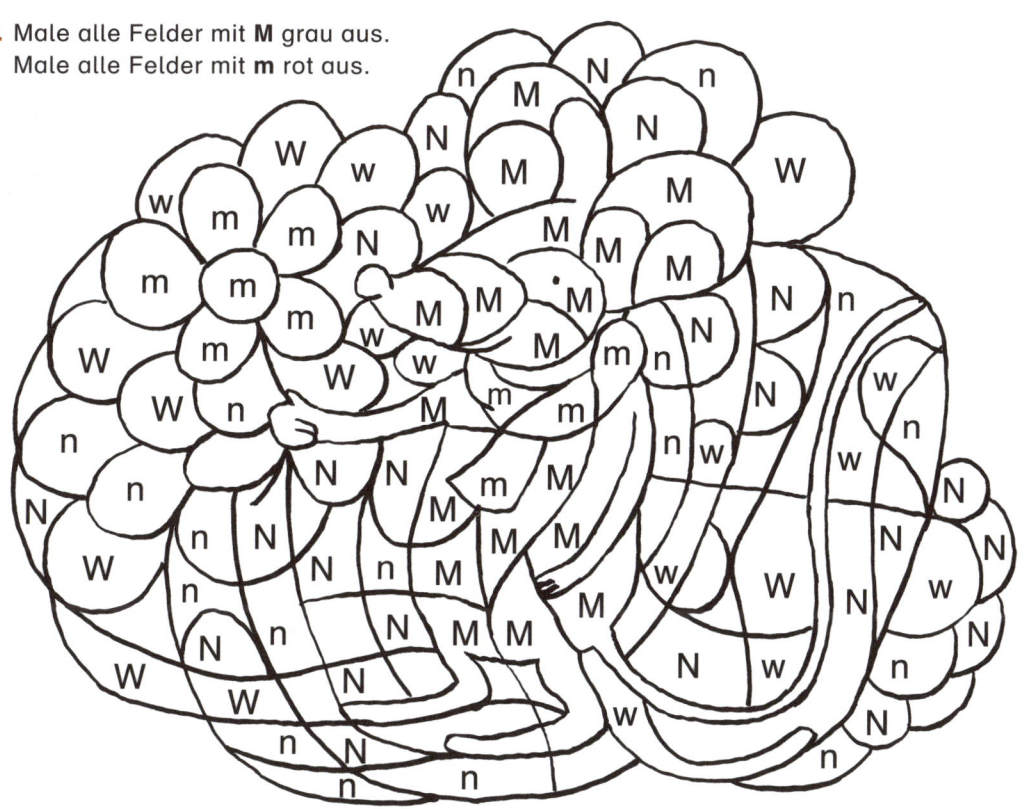

1. Zeichne die Stängel der Blumen mit einem Strich. Beginne bei der Blüte.
Zeichne zwischen die Blumen Gräser.

2. Male Muster wie Mimi auf die Eistüten.

3. Schreibe **M** in den Rahmen. Die feinen Linien helfen dir.

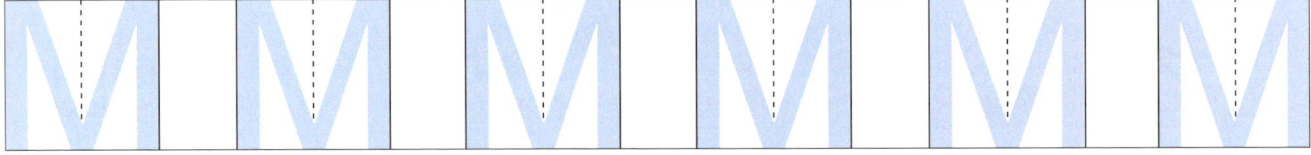

4. Fahre **M** in verschiedenen Farben nach. Schreibe **M**.

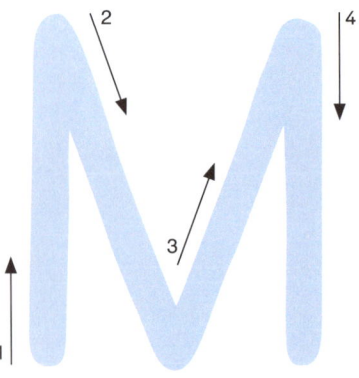

5. Schreibe **M**.

© 2008 Oldenbourg Schulbuchverlag. Mimi die Lesemaus. Arbeitsheft

1. Fahre die Sprungbewegungen mit verschiedenen Farben nach.
Sprich dazu: Hopp, hopp, hopp, Mäuschen springen Bock.

2. Fahre **m** mit verschiedenen Farben nach.

3. Schreibe **m**.

1. Male alle Felder mit **A** braun an.
Male alle Felder mit **a** gelb an.

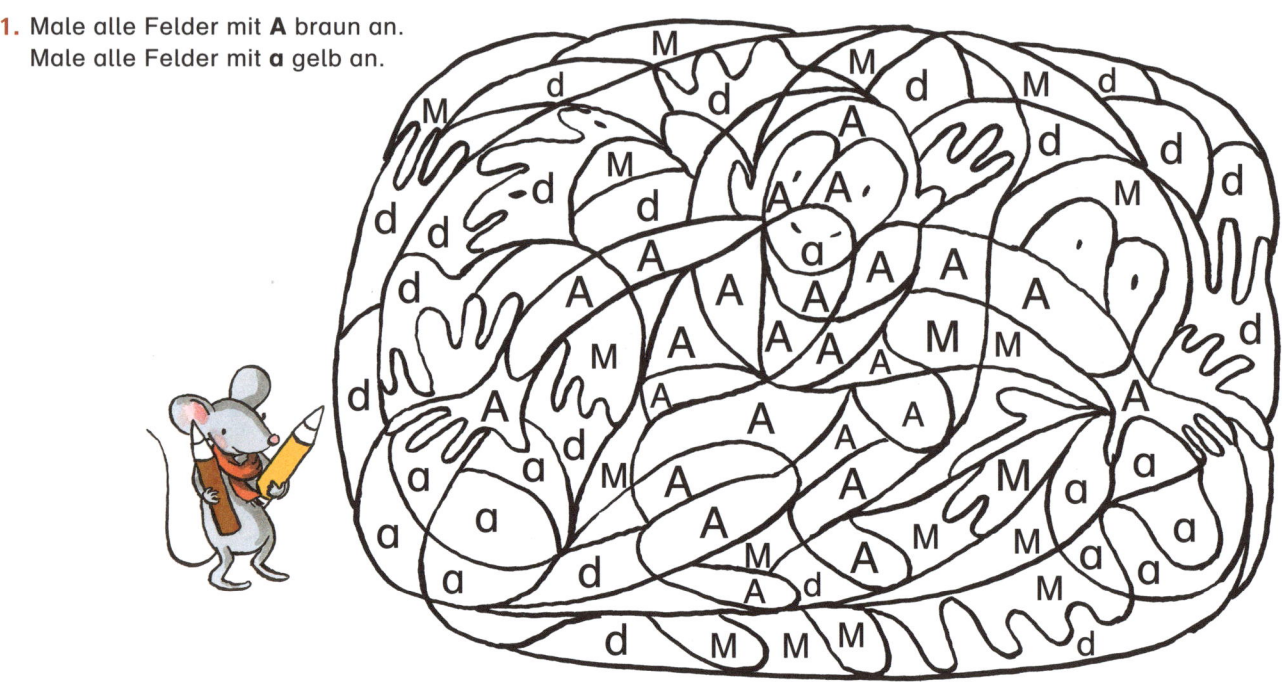

2. Fahre **A** mit verschiedenen Farben nach. Schreibe **A**.

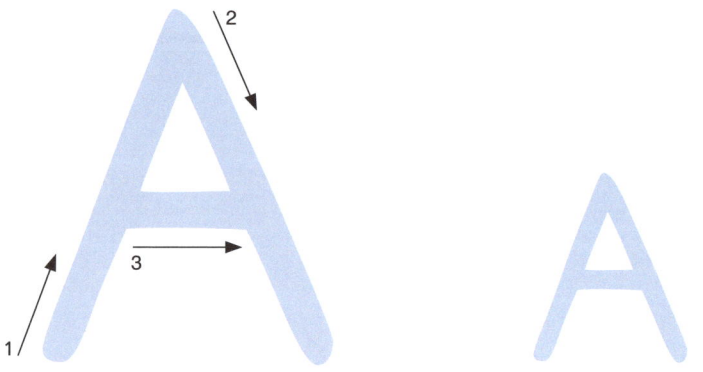

3. Schreibe die Reihen zu Ende.

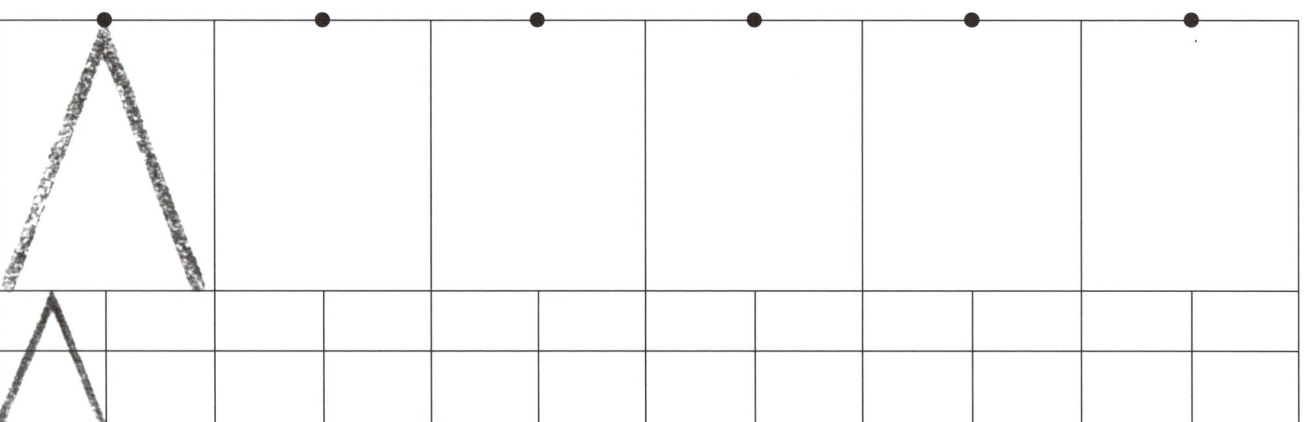

4. Schreibe **A**.

© 2008 Oldenbourg Schulbuchverlag. **Mimi die Lesemaus.** Arbeitsheft

1. Sprich jedes Wort deutlich.
Wo hörst du **A a**? Male die Bildteile an.

2. Wem willst du etwas schenken?
Male und schreibe auf ein Blatt.

3. Fahre **a** mit verschiedenen Farben nach.
Schreibe **a**.

a   a

4.

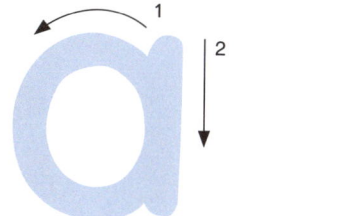

a   a

am

Mama

A a

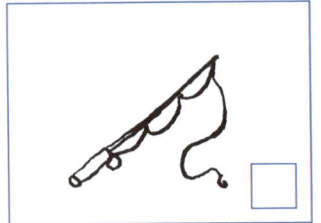 Mein Name:

1. Sprich jedes Wort deutlich.
Wo hörst du **A a**? Kreuze an.

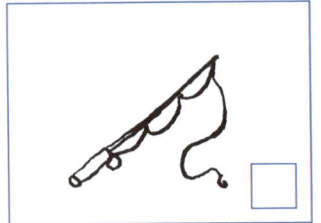 ☐ 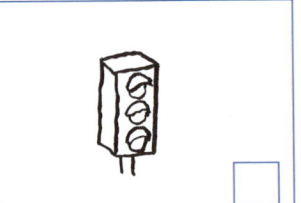 ☐  ☐  ☐

 ☐  ☐  ☐  ☐

2. Verbinde den richtigen Anfangsbuchstaben mit dem Bild.

A
M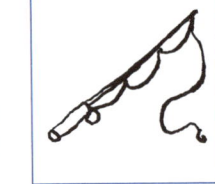

A
M

A
M

A
M

3. Sprich jedes Wort deutlich. Zeichne für jeden Laut ein Kreuz.
Schreibe Laut für Laut.

× × × × × ×

ANANAS

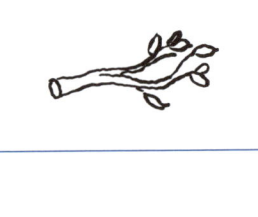

© 2008 Oldenbourg Schulbuchverlag. **Mimi die Lesemaus.** Arbeitsheft

Mein Name: _____

1. Sprich die Wörter deutlich. Zeichne für jeden Laut ein Kreuz.

× × × ×

2. Fahre **l** und **i** mit verschiedenen Farben nach.

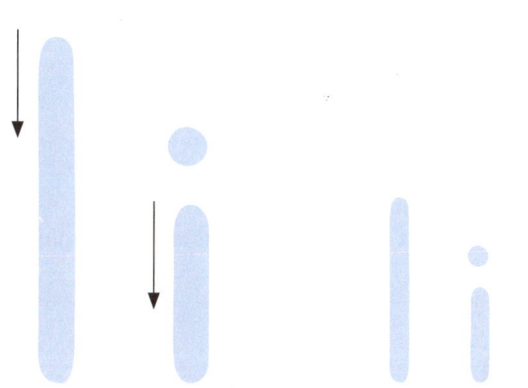

3. Schreibe **l** und **i**.

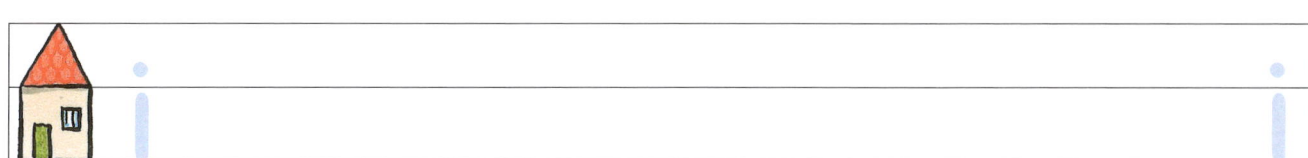

4. Sprich jedes Wort deutlich. Schreibe zu den Bildern **l** oder **i**.
Male selbst passende Bilder.

 i

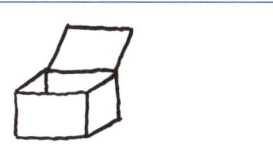

 i

1. Lies die Namen.
Male **Mami** gelb an. Male **Mimi** lila an.

Mami

Mimi

Mami

Mami

Mami

Mimi

Mimi

Mami

Mimi

Mimi

2. Lege deinen Zeigefinger hinter das Wort.
Dann siehst du, wo das nächste Wort beginnen kann.

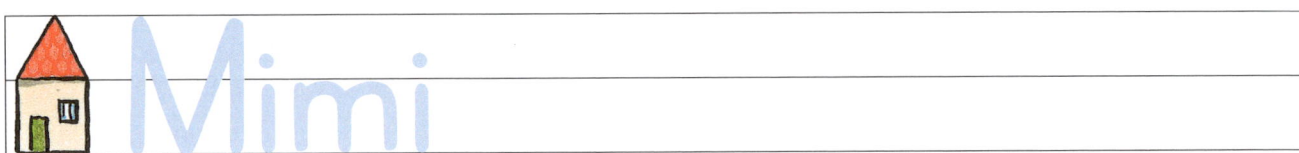

3. Sprich jedes Wort deutlich. Zeichne für jeden Laut ein Kreuz.
Schreibe Laut für Laut.

× × × ×

MILCH

© 2008 Oldenbourg Schulbuchverlag. **Mimi die Lesemaus.** Arbeitsheft

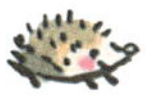 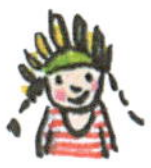

Mein Name:

1. Lies die Wörter. Male zu jedem Wort.

Mami

Mimi

2. Was passt zu den Bildern ? Schreibe Sätze.

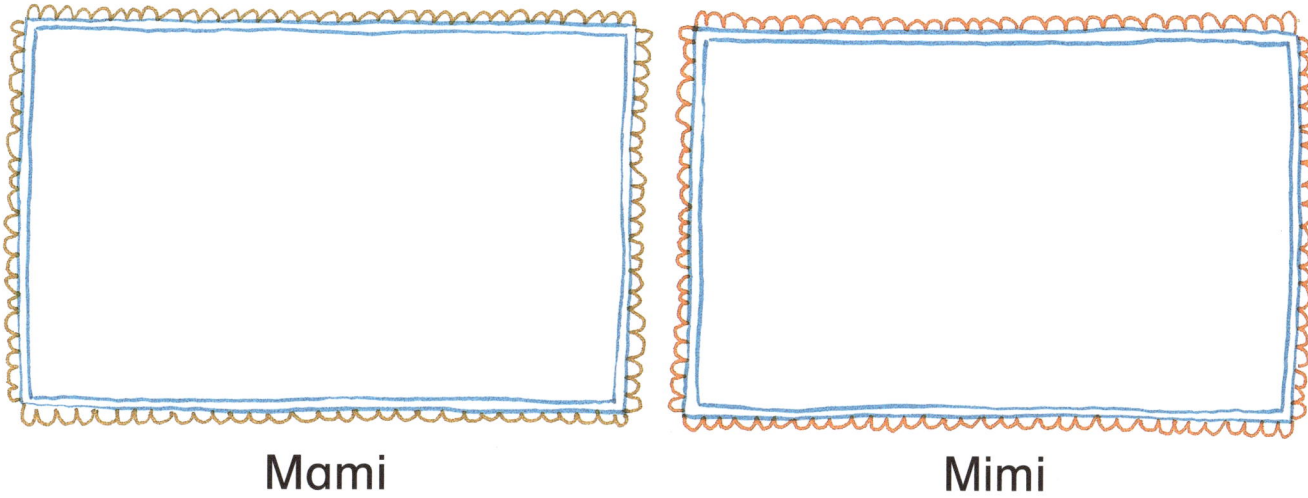

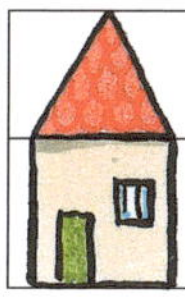 Mimi ist am 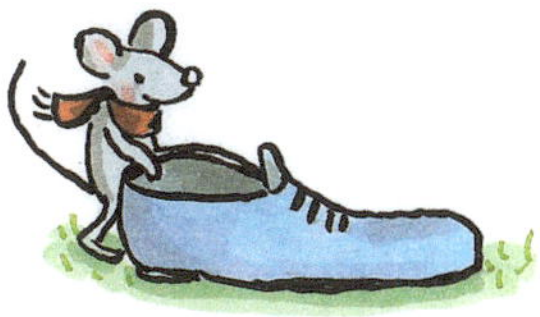

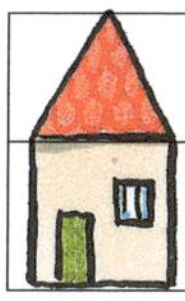 ist 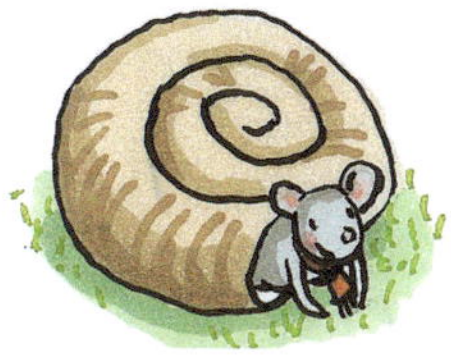

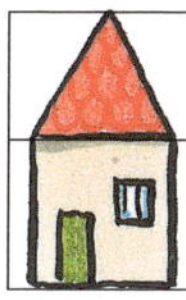 ist 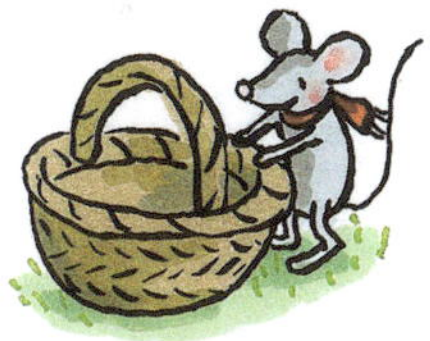

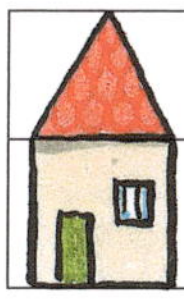 ist 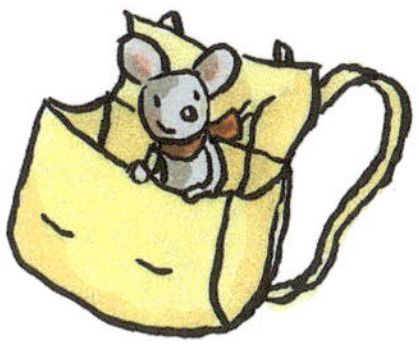

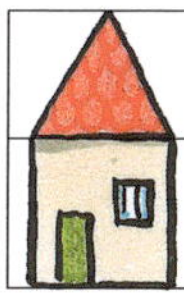 ist 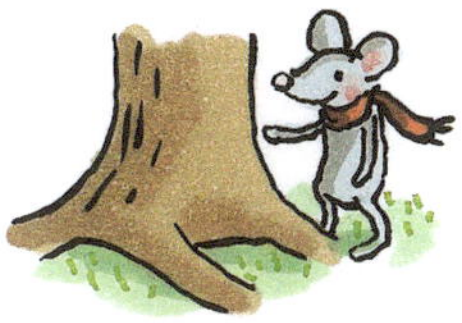

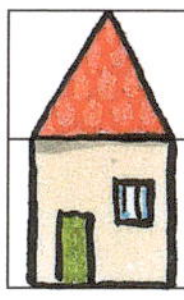 ist

O o

Mein Name:

1. Mimi fährt im Kreis.
   Zeichne die Spur mit verschiedenen Farben nach.
   Sprich dazu: Rundherum.

2. Fahre **O o** mit verschiedenen Farben nach.
   Schreibe **O o**.

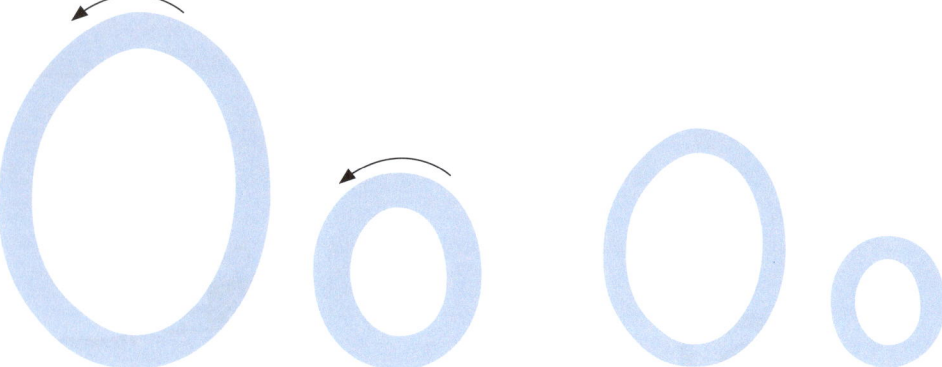

3. Schreibe **O** und **o**.

4. Sprich jedes Wort deutlich. Wo hörst du **O o**? Male die Bilder an.
   Schwinge und zeichne die Silbenbögen.

14

O o

1. Fahre **O** nach.

O g D O
G g a O
o o a
e g O p
R a A C e
o o A
o o C
o o g
o a o C O
c o e O

2. Sprich jedes Wort deutlich.
Wie viele Laute hörst du? Verbinde mit dem richtigen Kärtchen.
Du kannst das Wort auch schreiben.

O o  Mein Name:

1. Sprich jedes Wort deutlich. Wo hörst du **O o**?

Hörst du **O o** am Anfang,
kreuze das erste Kästchen an.

Hörst du **O o** im Wort,
kreuze das mittlere Kästchen an.

Hörst du **O o** am Ende,
kreuze das letzte Kästchen an.

[X] [ ] [ ]   [ ] [X] [ ]   [ ] [ ] [X]

   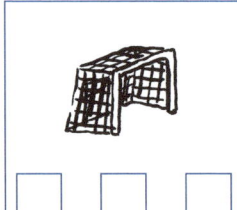 

[ ] [X] [ ]   [ ] [ ] [ ]   [ ] [ ] [ ]   [ ] [ ] [ ]   [ ] [ ] [ ]

 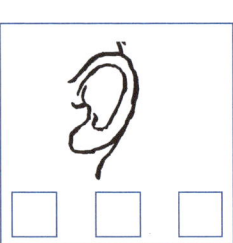  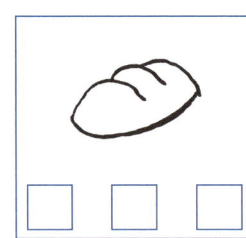 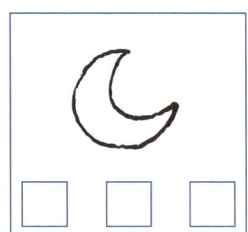

[ ] [ ] [ ]   [ ] [ ] [ ]   [ ] [ ] [ ]   [ ] [ ] [ ]   [ ] [ ] [ ]

2. Was hörst du am Anfang? Schau in der Lauttabelle nach und schreibe auf.
Kannst du das Wort lesen?

R

3. Was würdest du auf einen Ausflug mitnehmen?
Schreibe oder male.

16

© 2008 Oldenbourg Schulbuchverlag. **Mimi die Lesemaus.** Arbeitsheft

L l

Mein Name:

1. Male Luftballons mit **L** rot an.
Male Luftballons mit **l** blau an.

2. Sprich jedes Wort deutlich.
Wo hörst du **L l**? Male die Bilder an.
Schwinge und zeichne die Silbenbögen.

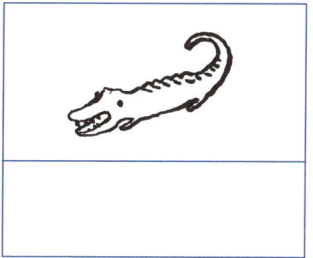

3. Welche Wörter findest du? Verbinde die Silben.

La   ma
      mi

Ma   ma
      mi

Mi   ma
      mi

L l

Mein Name:

1. Mimi läuft mehrmals die Treppen herunter.
   Zeichne jeden Lauf mit einer anderen Farbe.

2. Fahre **L** mit verschiedenen Farben nach.
   Schreibe **L**.

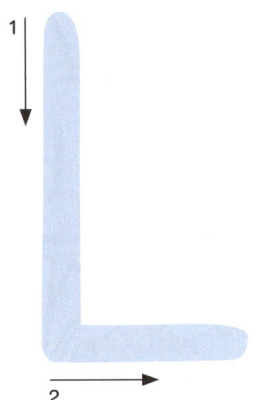

3.

 Lamm

 Lama

4. Sprich jedes Wort.
   Schreibe den ersten Buchstaben unter das Bild.

5. Wie heißt das Wort?
   Male das richtige Bild an.

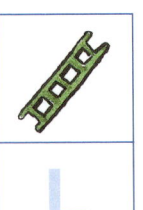 L

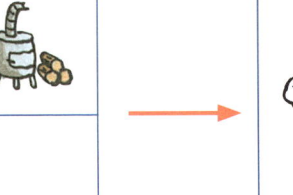

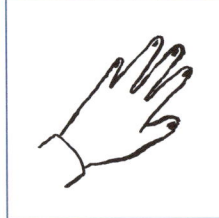

18

1. Zeichne Dachziegel in verschiedenen Farben auf die Dächer.

2. Fahre l mit verschiedenen Farben nach. Schreibe l.

3.

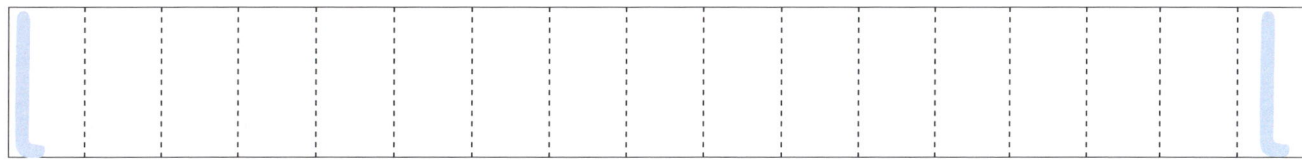

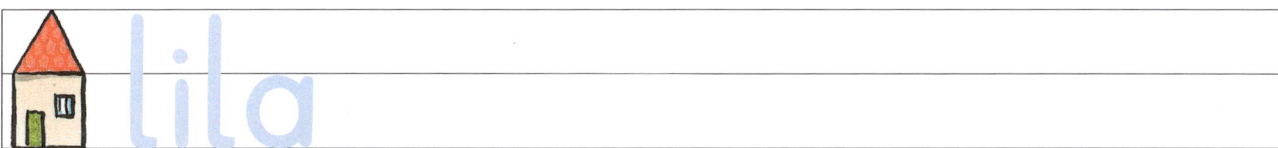

lila

 **L l**　　　Mein Name:

1. Sprich die Namen der Tiere deutlich.
Wo hörst du **L l**?

Hörst du **L l** am Anfang,
kreuze das erste Kästchen an.

Hörst du **L l** im Wort,
kreuze das mittlere Kästchen an.

Hörst du **L l** am Ende,
kreuze das letzte Kästchen an.

2. Kreise **L l** ein.

Im Zirkus Liliput lauert Löwe Leo.

Lilli lacht laut über Clown Camillo.

Lama Lara liebt den Löwen Albert.

3. Was ist dein Lieblingstier?
Schreibe und male.

Mein Name:

1. Male alle Felder mit **T** gelb an.
Male alle Felder mit **t** braun an.

2. Fahre **T t** mit verschiedenen Farben nach.

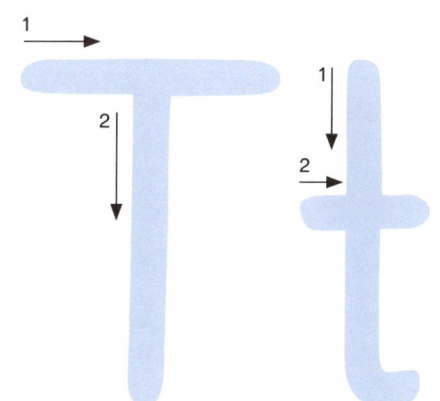

3. Ergänze die Linien zu **T t**.

4.

T t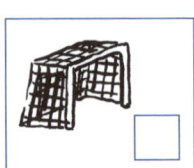

1. Sprich die Wörter deutlich.
Kreuze die Bilder an, die zum Wortanfang passen.

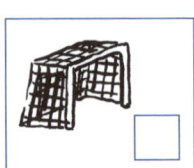 ☐

 ☐

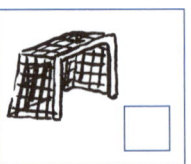 ☐

To  ☐

Ti  ☐

Ta  ☐

 ☐

 ☐

 ☐

2. Sprich deutlich. Baue die Wörter auf.

T
Ti
Tin
Tint
Tinte

3. Lies die Sätze. Male dazu.

Ali malt Oma.

Lotta malt Mimi.

1. Lies viele verschiedene Sätze.
Schreibe Sätze auf.

Oma		Mimi.
Tom		Mami mit Omi.
Tim	malt	Otto.
Timo		Oma mit Mimi.
Lotta		Mama.

R r

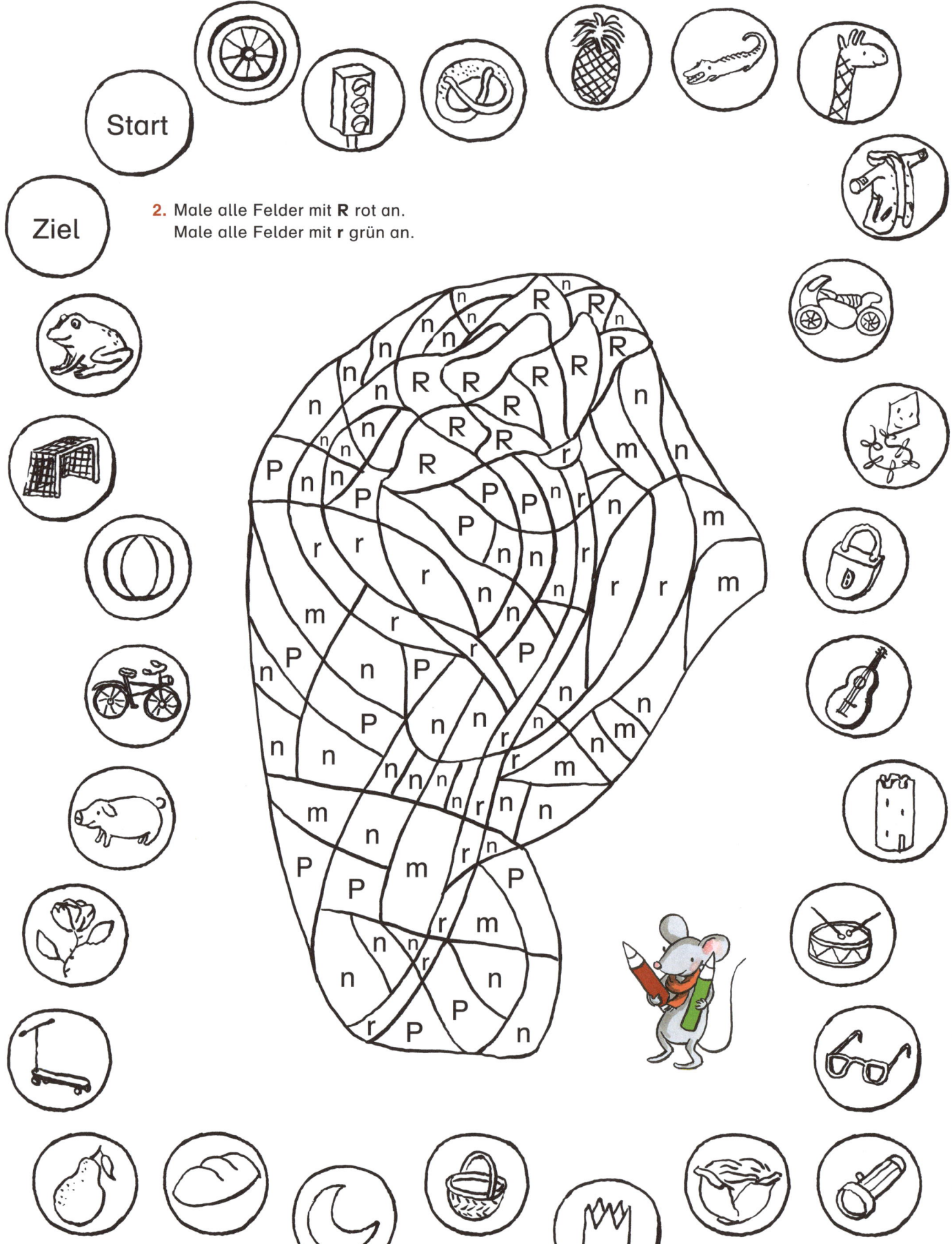

Mein Name:

1. Würfelspiel: Kommt ein Spieler auf ein Wort mit **R r**, darf er zwei Felder vorrücken.
Kommt ein Spieler auf ein Wort ohne **R r**, muss er ein Feld zurück.

Start

Ziel

2. Male alle Felder mit **R** rot an.
Male alle Felder mit **r** grün an.

© 2008 Oldenbourg Schulbuchverlag. **Mimi die Lesemaus.** Arbeitsheft

R r

1. Zeichne allen Männern einen Rucksack und Beine. Beginne oben.

2. Fahre **R** mit verschiedenen Farben nach.

3.

4. Kreise alle **R** und **r** ein.

Roboter Rudi rennt rasselnd herum.

Mario zaubert rote Rosen.

Ritter Richard reitet rasend schnell
den Berg herunter.

R r

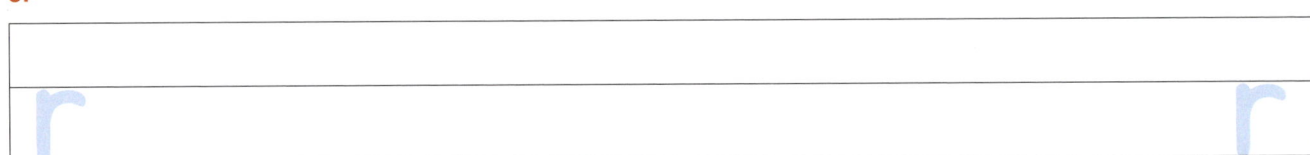

Mein Name:

---

1. Fahre **r** mit verschiedenen Farben nach.

2 →
1 ↓

r

2. Fahre alle **r** nach.

r r R R n R
m n r r

3.

r   r

4. Schreibe neben die Bilder **rot** oder **Tor**.

rot

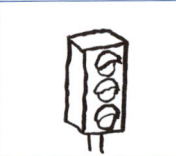

5. Schreibe die richtigen Wortanfänge neben die Bilder.
Du kannst die Wörter auch fertig schreiben.

Ra

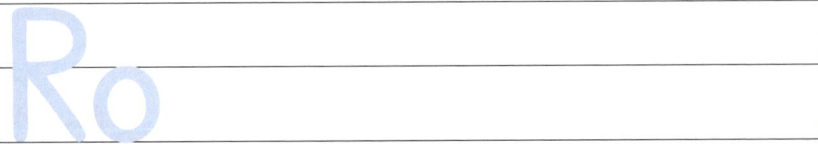
Ro

26

© 2008 Oldenbourg Schulbuchverlag. **Mimi die Lesemaus.** Arbeitsheft

1. Fahre alle **S** mit verschiedenen Farben nach. Sprich dazu: Slalom.

2. Male alle Felder mit **S** braun an.

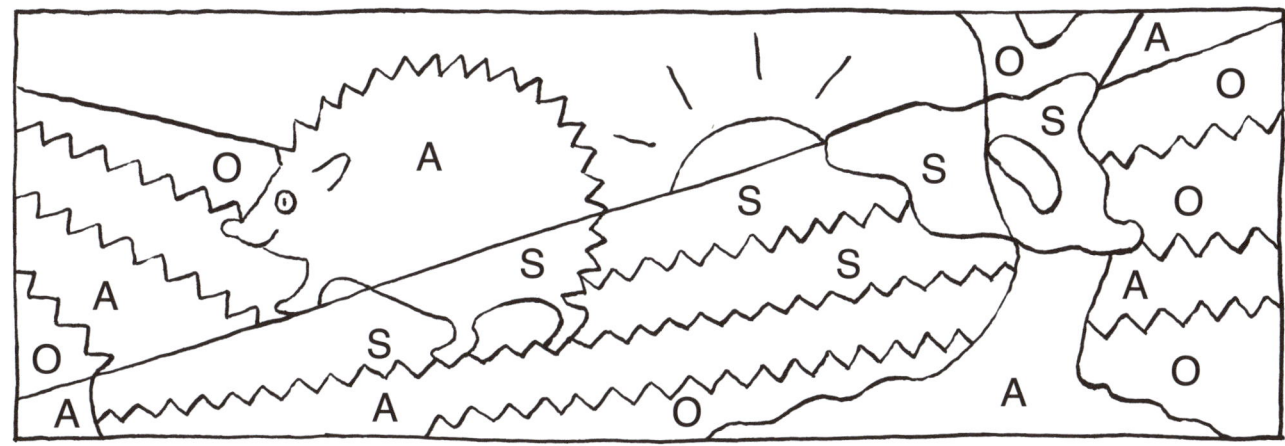

3. Sprich die Wörter deutlich.
Wo hörst du **S s**?
Kreuze das richtige Kästchen an.

S s    Mein Name:

1.

S   S

S   S

S s

2. Lies die Sätze. Stimmen die Bilder?
Streiche falsche Sätze durch. Schreibe die Sätze richtig auf.

Sissi rast los.

Lotta rammt Mimi.

Lottas Arm ist lila.

Mein Name: _____

1. Verbinde den richtigen Wortanfang mit dem Bild.

Sa
So

Sa
So

So
Sa

So
Sa

Sa
So

So
Sa

2. Setze die fehlenden Buchstaben ein.
Streiche den Buchstaben durch, den du eingesetzt hast.

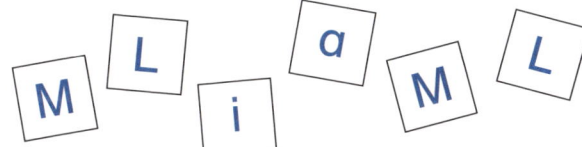

| | a | s | t |

| | i | s | t |

| M | | s | t |

| | a | s | t |

| | i | s | t |

| M | | s | t |

3. Sprich jedes Wort deutlich. Zähle die Laute und zeichne für jeden Laut ein Kreuz.
Schreibe die Wörter auf.

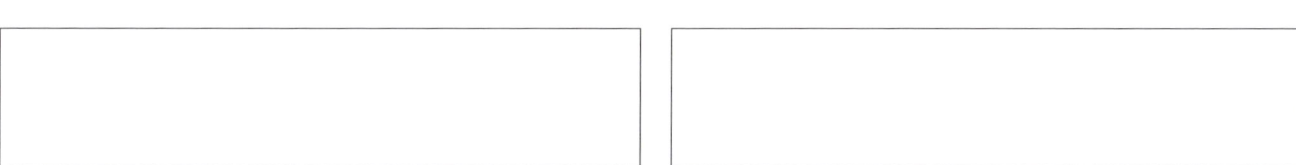

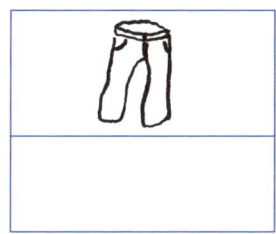

E e

Mein Name:

1. Male alle Felder mit **E** grau an.
Male alle Felder mit **e** rot an.

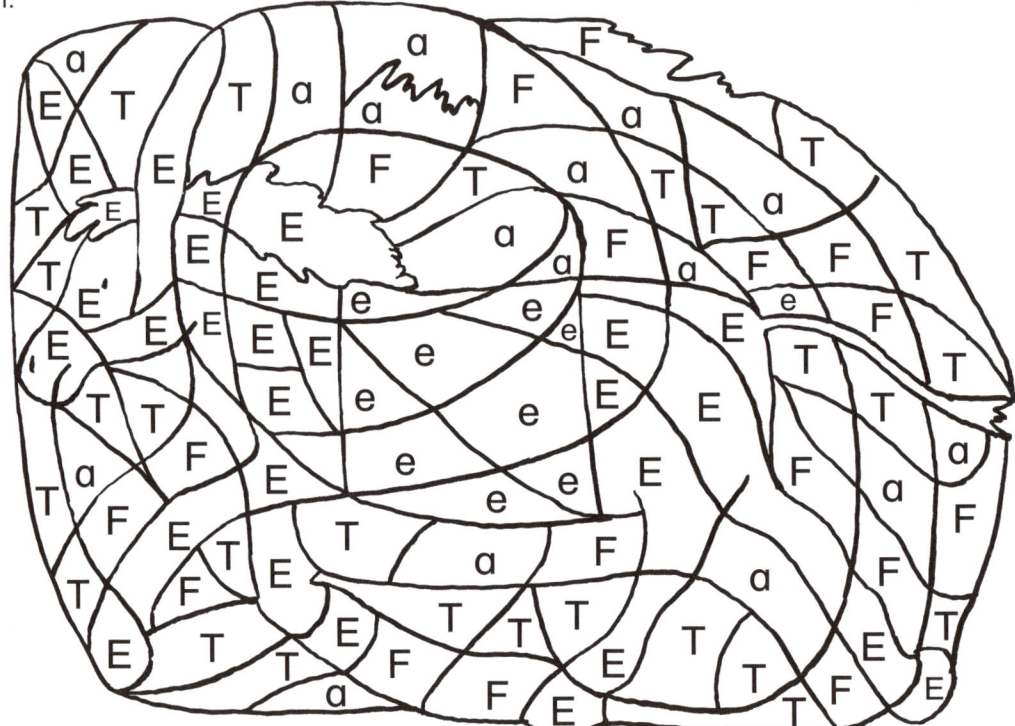

2. Fahre **E e** mit verschiedenen Farben nach.
Schreibe **E e**.

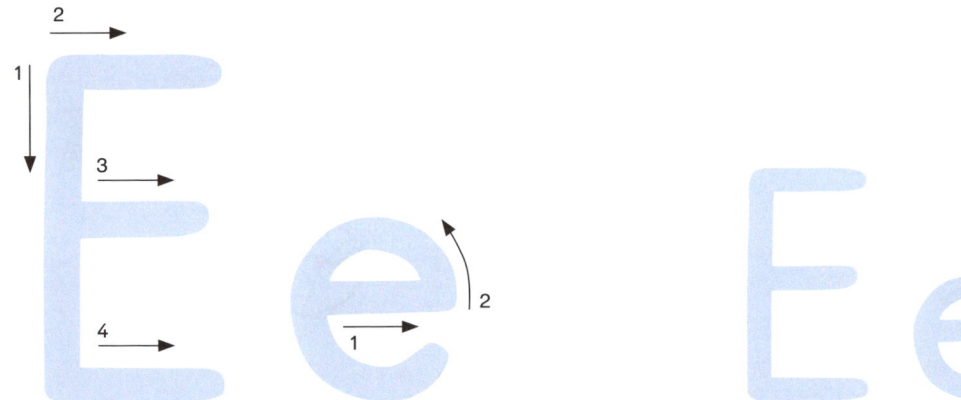

3. Schreibe **e** in den Rahmen.

4.

© 2008 Oldenbourg Schulbuchverlag. **Mimi die Lesemaus.** Arbeitsheft

E e  Mein Name:

1. Sprich die Wörter deutlich.
Wo hörst du **E e**? Kreuze das richtige Kästchen an.

2. Sprich jedes Wort deutlich.
Schwinge und zeichne die Silbenbögen.
Verbinde jedes Wort mit dem passenden Bild.

Tor   Torte

Tomate

Messer

Rose

Tasse

3. Schreibe die Wörter auf.

 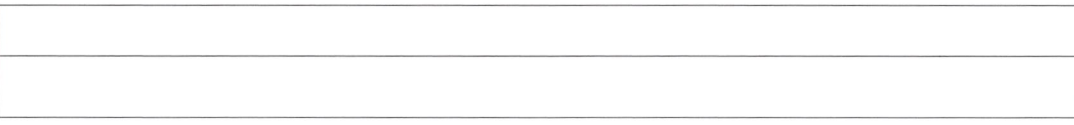

© 2008 Oldenbourg Schulbuchverlag. **Mimi die Lesemaus.** Arbeitsheft

1. Verbinde jedes Wort mit dem passenden Bild.

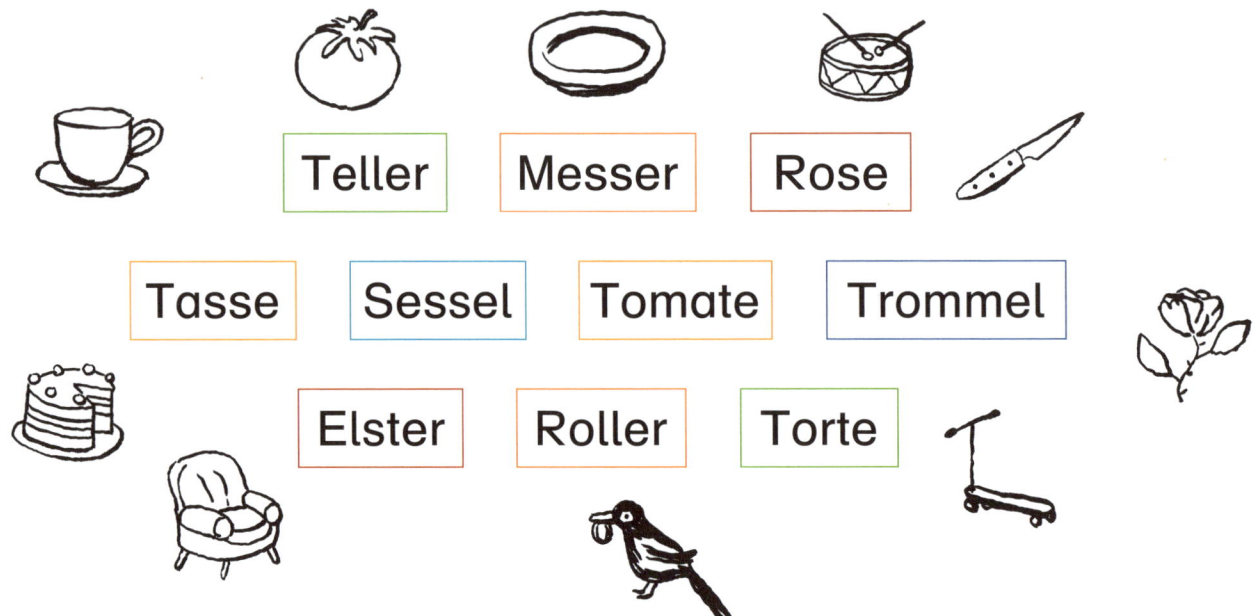

Teller Messer Rose

Tasse Sessel Tomate Trommel

Elster Roller Torte

2. Setze die Buchstaben richtig zusammen.
Schreibe das Wort unter das Bild.

T m a o t e

T ss e a

T o r e t

R e s o

3. Was willst du essen?
Schreibe einen Einkaufszettel.

32

© 2008 Oldenbourg Schulbuchverlag. **Mimi die Lesemaus.** Arbeitsheft

W w

Mein Name:

1. Schreibe **W** in den Rahmen.

2. Male **W w** an.

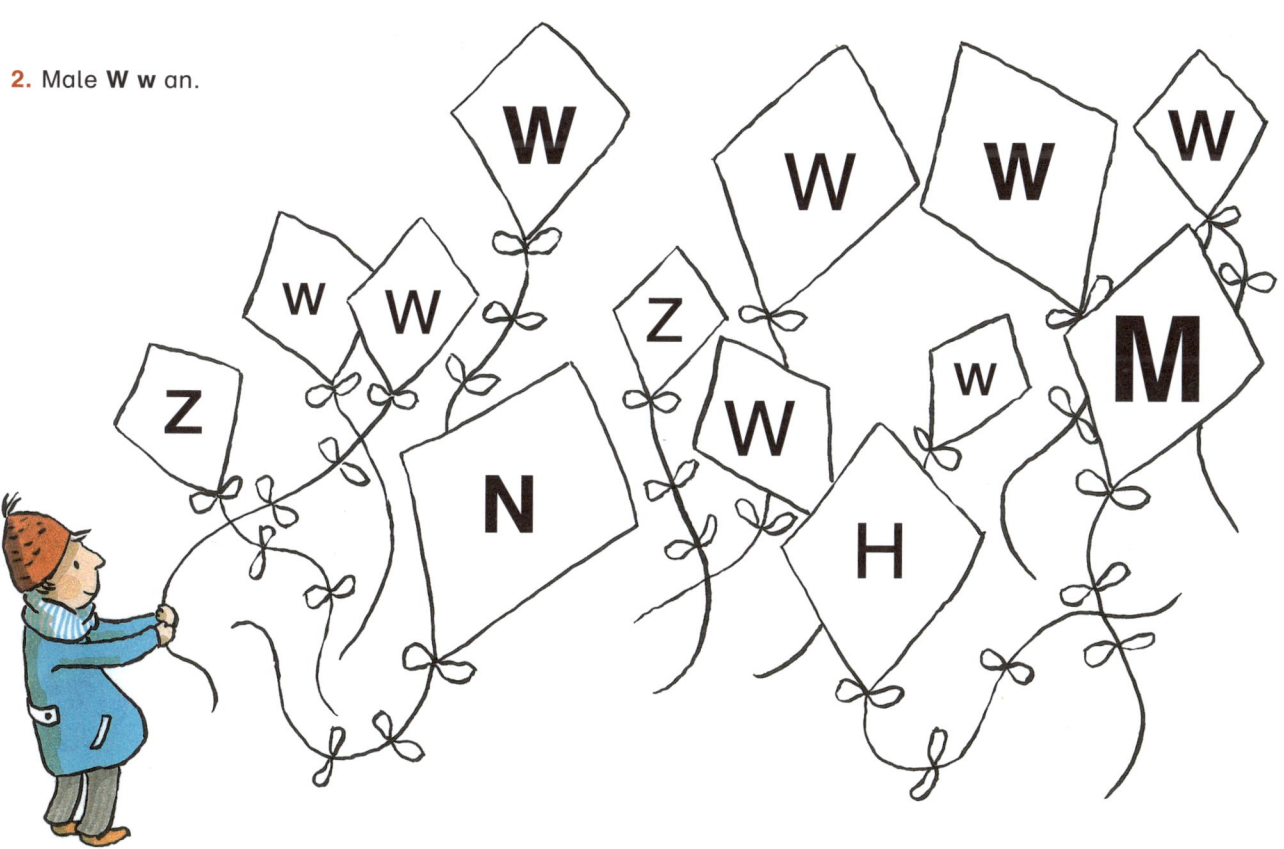

3. Fahre **W** mit verschiedenen Farben nach.
   Schreibe **W w**.

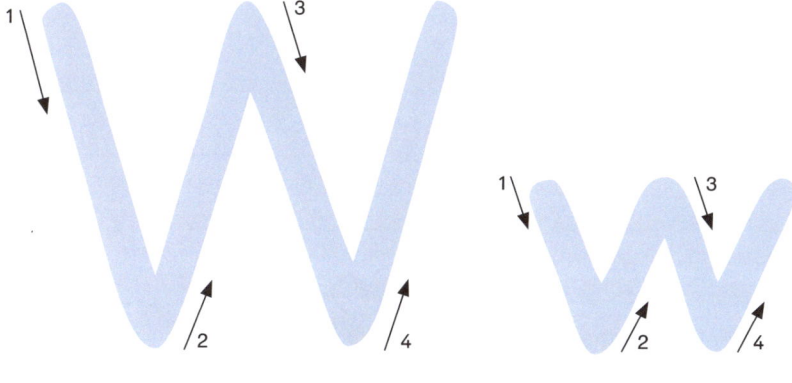

4.

W w  Mein Name:

1. Sprich die Wörter deutlich.
Wo hörst du **W w**? Kreuze das richtige Kästchen an.

   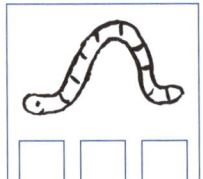  

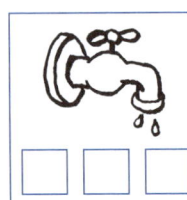     

2. Sprich jedes Wort deutlich. Zeichne für jeden Laut ein Kreuz.
Schreibe die Wörter auf.

 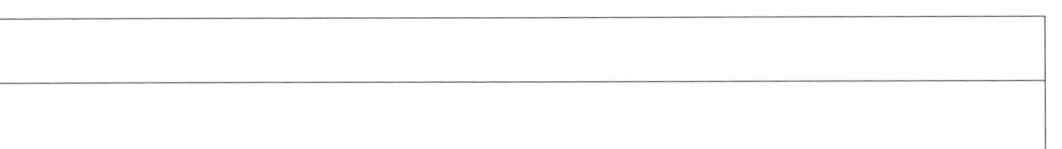

3. Welche Telefonnummern musst du dir gut merken? Schreibe auf.

34

W w  Mein Name:

1. Suche zu jeder Frage die passende Antwort.
Schreibe die Nummer dazu.

1	Wo war Oma ?
2	Was malt Willi ?
3	Was will Mimi ?
4	Wer ist im Tor ?

	Mimi will Limo.
	Lotta ist im Tor.
	Willi malt Timo mit Mimi.
	Oma war am See.

2. Lies die Fragen.
Male im Bild an, was du gefunden hast.

Wo ist Mimi?

Wo ist Willi?

Wo ist Timos Lasso?

Womit malt Oma?

Was will Tasso?

1. Male alle Felder mit **U** grau an.
Male alle Felder mit **u** rot an.

2. Fahre **U u** und die Hufeisen mit verschiedenen Farben nach.

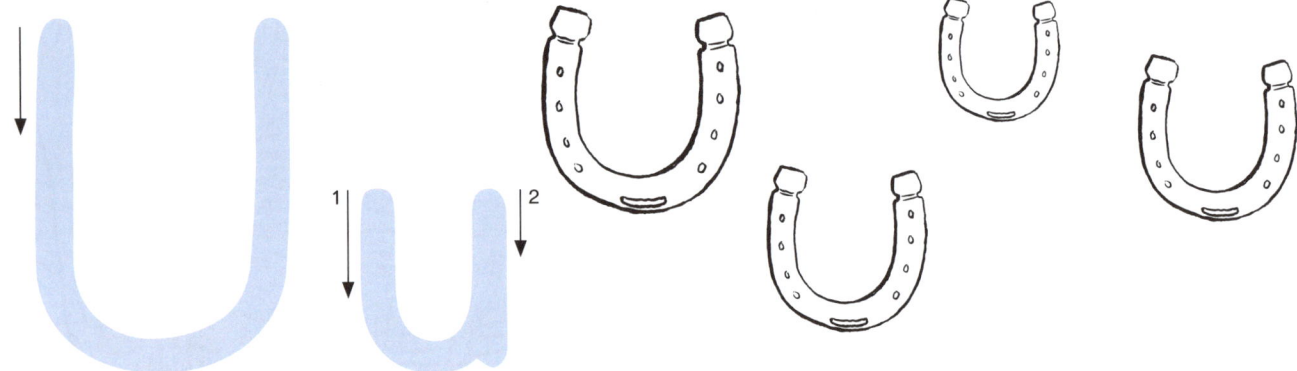

3.

4. Lies und ziehe nach jedem Wort einen Strich.

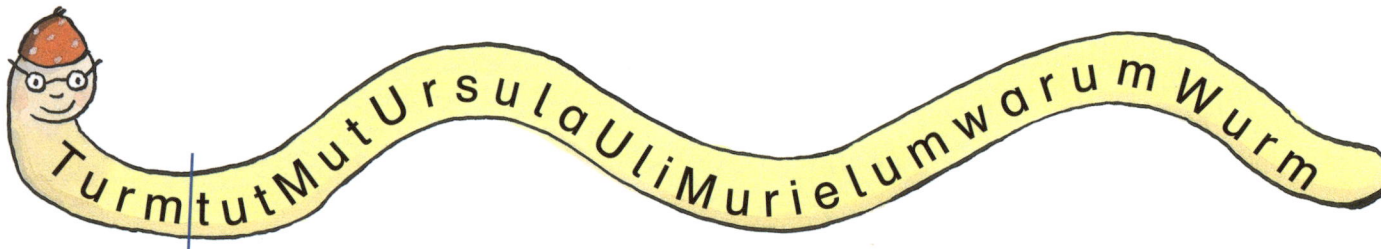

TurmtutMutUrsulaUliMurielumwarumWurm

1. Wo findest du das Wort im Bild? Male Wort und Bild in der gleichen Farbe an.

Turm

Ritter

Esel

See

Ursula

Silas

Tor

2. Verbinde die Silben zu Wörtern.

Mus	se
Ro	mel
Mur	ter

3. Beantworte die Fragen. Die Bilder helfen dir.

Wo ist Ritter Ulli?

Was will Muriel am See?

 Mein Name:

1. Sprich jeden Namen deutlich.
Schwinge und zeichne die Silbenbögen.
Schreibe **a, e, i, o** oder **u** in die Silbenbögen.
Ergänze eigene Namen.

Lisa	Silas	Lulu	Rosa
 i a			

Muriel	Ursula		

2. Welche Laute hörst du?
Schreibe in die Silbenbögen.

 u e			

		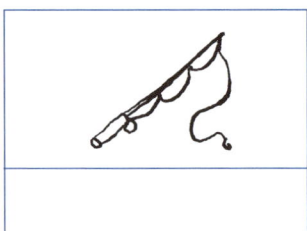	

38

D d  Mein Name:

1. Zeichne den Ball fertig. Beginne in der Mitte.

2. Fahre **D** mit verschiedenen Farben nach. Schreibe **D**.

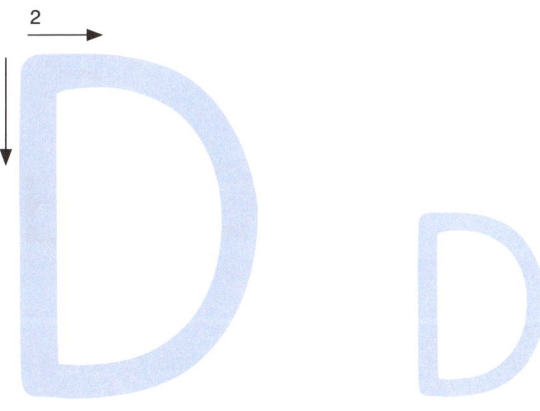

3.

4. Fahre das Tau mit verschiedenen Farben nach.

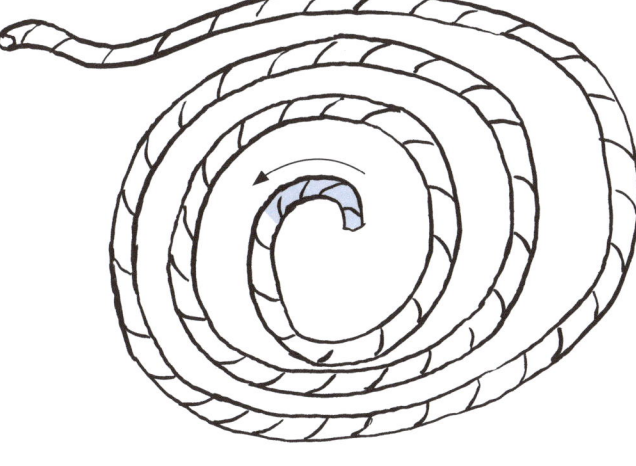

5. Fahre **d** mit verschiedenen Farben nach. Schreibe **d**.

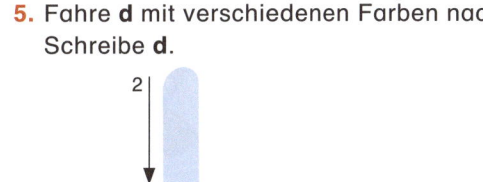

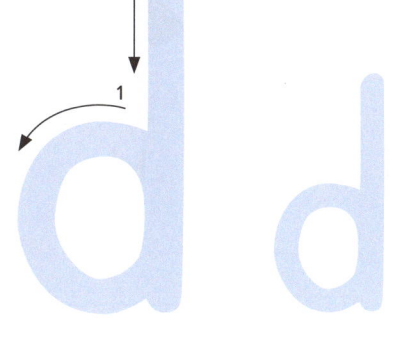

6.

D d

1. Fahre alle **D** nach.

D D D B B B D
d d B B d d d B
d d d d d d D d

2. Sprich die Wörter deutlich.
Wo hörst du **D d**? Kreuze das richtige Kästchen an.

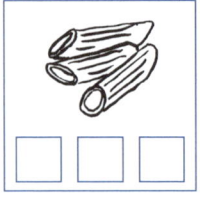
☐ ☐ ☐

☐ ☐ ☐

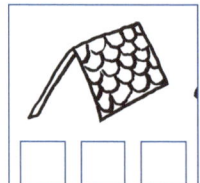
☐ ☐ ☐

☐ ☐ ☐

☐ ☐ ☐

☐ ☐ ☐

☐ ☐ ☐

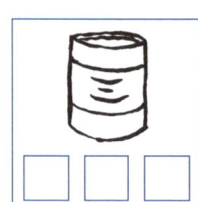
☐ ☐ ☐

☐ ☐ ☐

☐ ☐ ☐

3. Wem gehören die Dinge?
Schreibe die Namen in die Zeilen.

Ida   Demir   Dora

Dora

© 2008 Oldenbourg Schulbuchverlag. Mimi die Lesemaus. Arbeitsheft

Mein Name:

1. Sprich deutlich. Baue die Wörter auf.

F
Fe

2. Was sprechen die Kinder?
Schreibe in die Sprechblasen.

N n

Mein Name:

1. Fahre alle **N** nach.

2. Male Dinge oder schreibe Wörter, in denen du **N n** hörst.

3. Fahre **N n** mit verschiedenen Farben nach. Schreibe **N** und **n**.

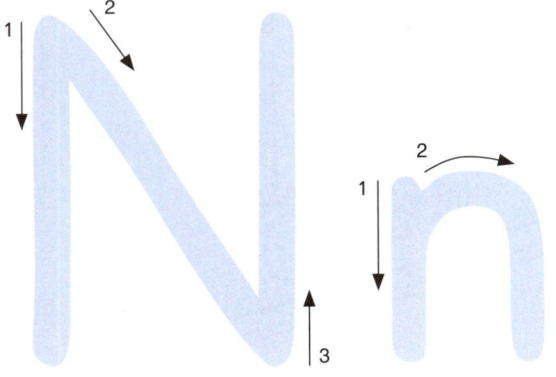

© 2008 Oldenbourg Schulbuchverlag. **Mimi die Lesemaus.** Arbeitsheft

Mein Name:

1.

2. Was stimmt? Verbinde und schreibe die Wörter auf.

S
M   onne

N
R   ina

N
M   ond

u
a   nd

m
s   alen

r
n   immt

S
N   adel

N
W   uss

3. Bilde Wörter und schreibe sie auf.

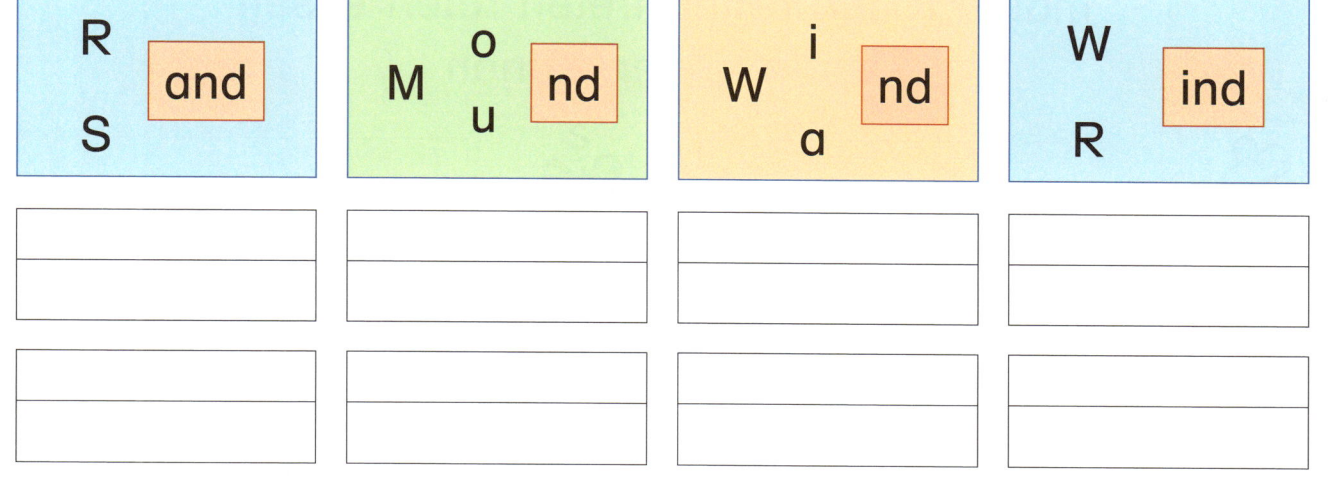

R
S   and

M   o
    u   nd

      i
W   nd
      a

W
R   ind

N n

Mein Name:

1. Sprich die Wörter deutlich.
Hörst du **N n** oder **M m**? Schreibe den richtigen Buchstaben zum Bild.

     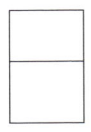    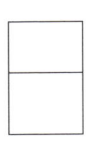   

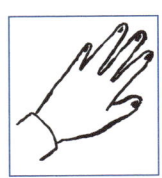             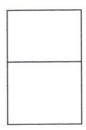

     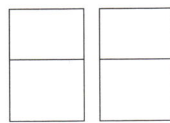    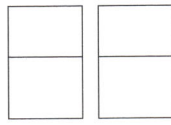

2. Suche für jeden Satz das richtige Lösungsbild.
Zeichne den passenden Würfel zum Bild.

⚀ Nalan will Nudeln essen.

⚁ Nina will Tomaten essen.

⚂ Anton will Salami essen.

⚃ Mimi will Nudeln mit
Tomaten und Salat essen.

3. Was tut Mimi? Wähle passende Wörter aus und schreibe sie auf.
Fahre **en** nach.

malen rollen retten treten raten essen
lesen lernen turnen

     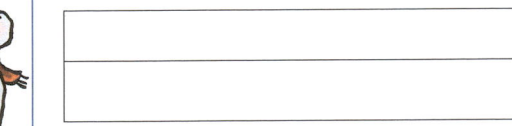

44

© 2008 Oldenbourg Schulbuchverlag. Mimi die Lesemaus. Arbeitsheft

Sch sch ✂ Mein Name:

1. Kreise alle **Sch** rot und alle **sch** blau ein.

SchachschbSchchuschbaSchocshSchisuchsch

2. Sprich die Wörter deutlich. Wo hörst du **Sch sch**?
Kreuze das richtige Kästchen an.

   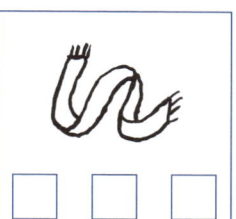 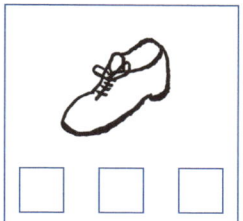

 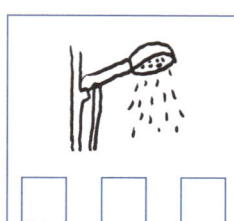 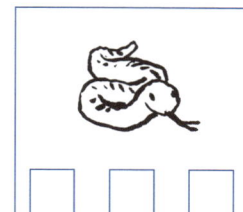  

3. Fahre **Sch** und **sch** mit verschiedenen Farben nach.

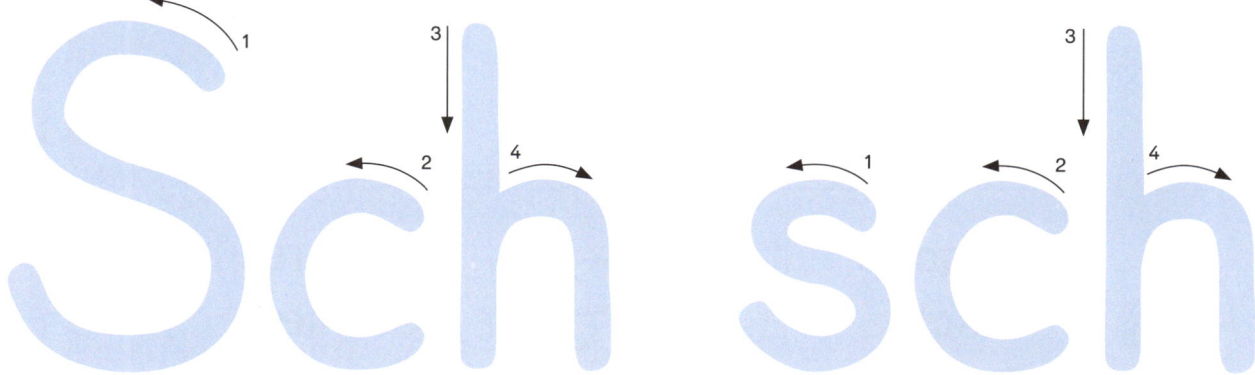

4.

Sch   Sch

sch   sch

Schal

Sch sch ✂ Mein Name:

1. Wie oft findest du die Wörter **Schirm** und **Tasche**? Kreise sie ein.

sschs
schchSchschsc
chsChSchirmschcschc
chscsSchirmschSchirmchS
chschSchchsSchchchChchchc

ssschchTaschechs
schChTascheschchchs
SchsschshschTaschehs
TaschechsSchchchsHcch
cSsschsChSchsschschs
schschsschsSssschscc
shSchchcchs

☐   ☐

2. Kreise alle **Sch** und **sch** ein.
   Lies die Wörter. Welches Wort passt zum Bild? Kreuze an.

☐ Schirm ☐ Schule ☐ Schild	☐ schmal ☐ Schal ☐ schade
☐ Schlamm ☐ Schwamm ☐ Schnalle	☐ Tusche ☐ Dusche ☐ Rutsche
☐ Tasche ☐ Tisch ☐ Tasse	☐ Schere ☐ Schnee ☐ schnell

3. Schreibe die Wörter auf.

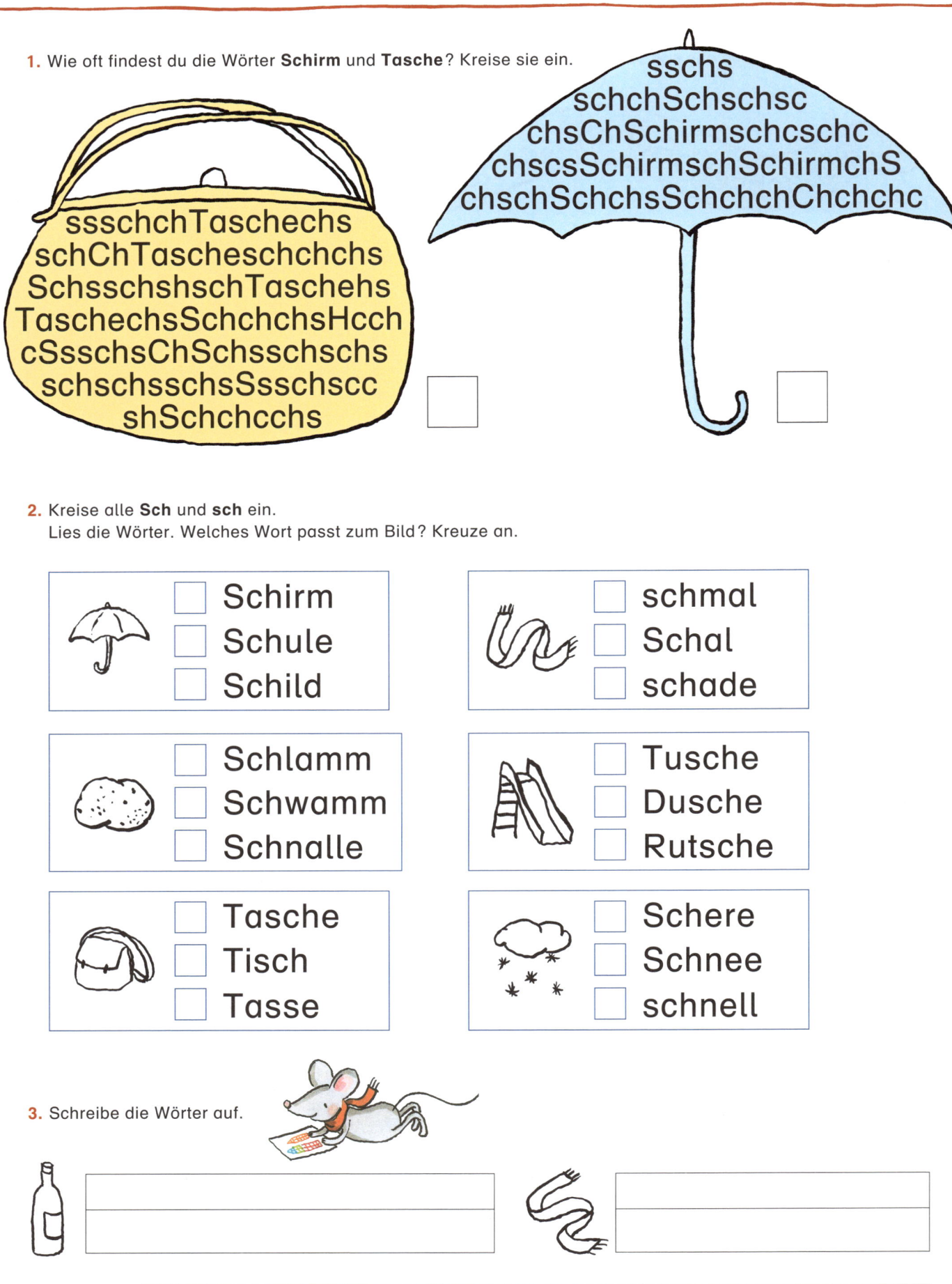

Sch sch  Mein Name:

1. Sprich jedes Wort deutlich. Wo hörst du **Sch sch**?
Male die Bilder an.
Schwinge und zeichne die Silbenbögen.

  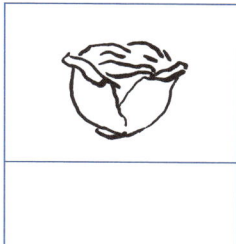  

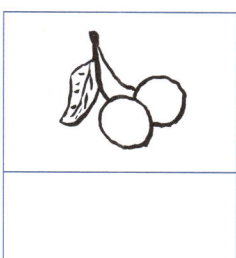    

2. Male Dinge oder schreibe Wörter,
in denen du **Sch sch** hörst.

3. Lies jedes Wort.
Schreibe das passende Reimwort dazu.

schon   Schal   wild   Schnee

Tee

Schild

Ton

Wal

Ei ei  Mein Name:

1. Kreise alle **Ei** und **ei** rot ein.

ie   Ei Ei Ei au   F   i   e F   i   e
e   e   Ei   au   Ei   i   e   i   e   ie   ie   ei
i   au   Ei Ei Ei   ie   e   e   ei ei   ei   e   ei
                          Ei   e   ei ei ei   ei   e
le   e   Ei le   au   Ei   F   ie   e   ei   ei ei   ie
i   au Ei Ei Ei   Ei   i   ei   e   ie   i   e

2. Wo hörst du **Ei ei**?
Kreuze das richtige Kästchen an.

3.

4. Lies die Geschichte. Setze **Ei** oder **ei** ein.

◯n Mann ist all◯n am See.

Er nimmt ◯n Enten◯.

So ◯ne Schw◯ner◯!

48

Ei ei

Mein Name:

1. Kreise **Ei** und **ei** ein.
Lies die Wörter. Schreibe **ein** oder **eine** vor die Wörter.

eine	Schleife 
	Schneiderin 
	Schwein 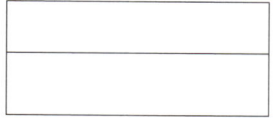

	Schreiner 
	Eimer 
	Osterei 

2. Suche Reimwörter und schreibe sie auf.

Teil

S

Leiter

R

Meise

R

3. Schreibe eine Geschichte.

K k

1. Kreise **K** und **k** ein.

2. Fahre **K** und **k** mit verschiedenen Farben nach.

3.

4. Wo hörst du **K k**?
Schreibe **K** oder **k** in das richtige Kästchen.

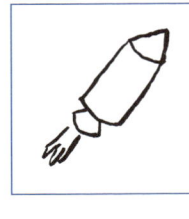     

   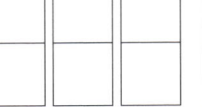 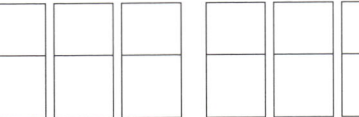

  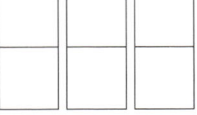 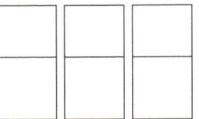 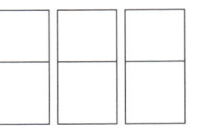 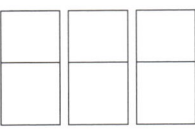

© 2008 Oldenbourg Schulbuchverlag. Mimi die Lesemaus. Arbeitsheft

K k

Mein Name:

1. Zeichne Silbenbögen unter die Wörter. Setze die Silben zusammen.
Schreibe das Wort auf.

Kers tin

Ki no

len ken

Kran ken schwes ter

Ka ter

Ka ro lin

trin ken

2. Ersetze den roten Buchstaben.
Schreibe die neuen Wörter auf.

Dino

winken

Kinn

3. Kerstin ist krank. Sie schreibt ihrer Klasse.
Was steht auf Kerstins Karte?

B b

Mein Name:

1. Wo hörst du **B b**?
Male den Rand um diese Bilder an.

2. Fahre **B** und **b** nach.

3. Fahre **B** und **b** mit verschiedenen Farben nach.

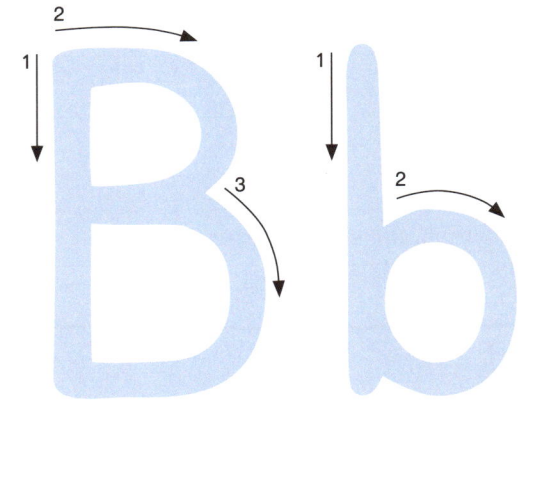

4.

B .... B

b .... b

B b ....

B b 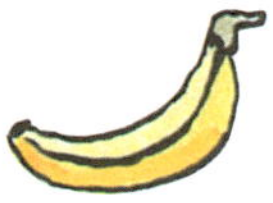 Mein Name:

1. Setze die Buchstaben richtig zusammen. Schreibe den Beruf unter das Bild.
Fahre den ersten Buchstaben nach. Was fällt dir auf?

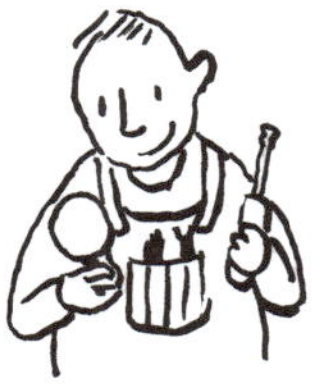

e l k r t
E k r i e

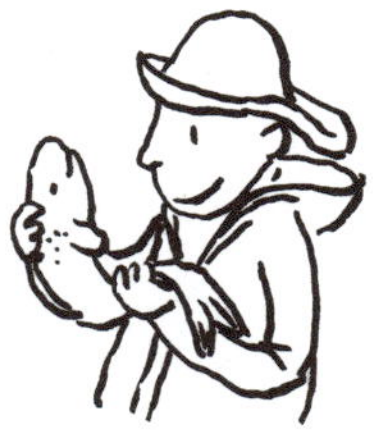

sch e
F i r

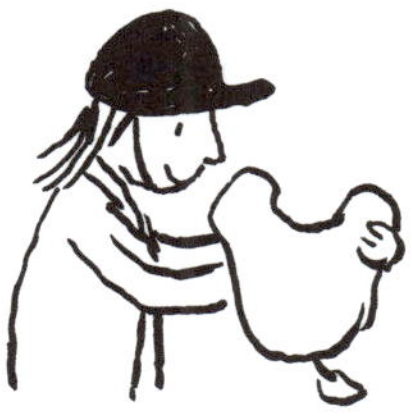

R e i
ei t n r

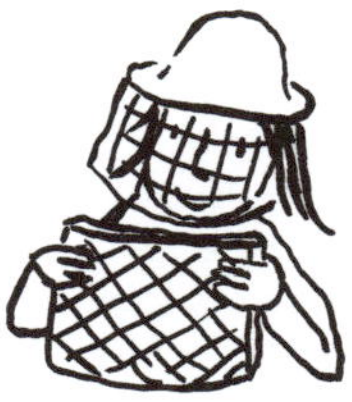

k m n
I e i r

2. Lies die Berufe. Unterstreiche alle Männer blau und alle Frauen rot.
Schreibe die Berufe richtig auf.

TORWART
MALERIN
ELEKTRIKER

TURNERIN
REKTORIN
IMKER

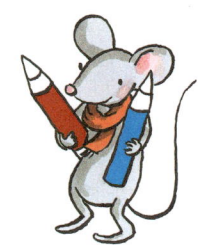

Torwart

F f  Mein Name:

1. Male alle Felder mit **F** rot an.
Male alle Felder mit **f** blau an.

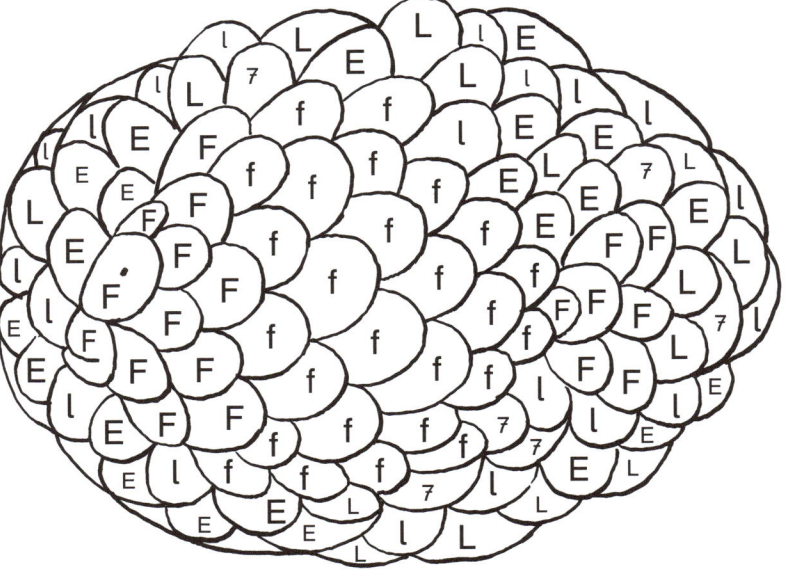

2. Fahre **F** und **f** mit verschiedenen Farben nach. Schreibe **F** und **f**.

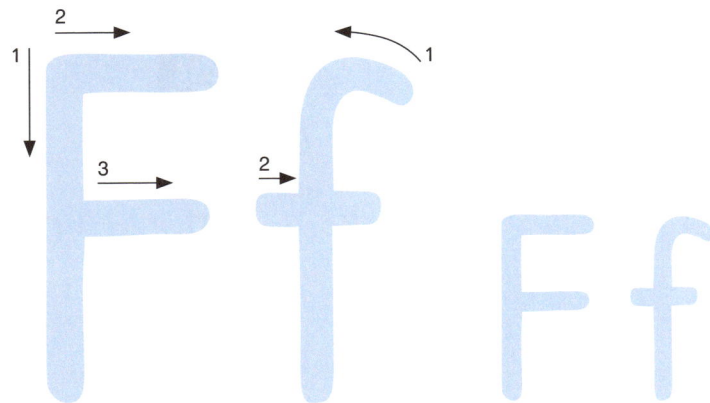

3.

4. Wo hörst du **F f**? Kreuze das richtige Kästchen an.

    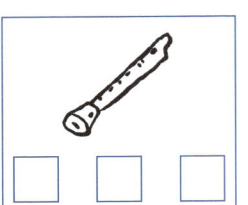

© 2008 Oldenbourg Schulbuchverlag. Mimi die Lesemaus. Arbeitsheft

F f

Mein Name:

1. Kreise alle **F** und **f** ein.

Fischers Fritz fischt frische Fische,
frische Fische fischt Fischers Fritz.

2. Lies die Wörter.
Schreibe die Sätze in der richtigen Reihenfolge auf. Denke an den Punkt am Ende.

| Fridolin | im | Wasser. | schwimmt |

| Der | frisst | Affe | Bananen. |

3. Sprich genau. Schreibe die Wörter. Kreise **er** ein.

F f

Mein Name:

1. Was ist falsch? Schreibe **falsch** daneben.

Fische rennen im Wasser.

falsch

Fridolin ist Samiras Fisch.

Ein Fisch kann lesen.

Im Wald sind Muscheln.

Fischer ist ein Beruf.

Ein Schiff schwimmt im Meer.

Affen fressen oft Bananen.

In einem Koffer ist ein Elefant.

2. Lies die Sätze. Male die Bilder fertig.

Im See schwimmt ein rotes Schiff.

Affe Fiffi filmt Mimi.

56

Au au

1. Kreise alle **Au** und **au** ein.
Welche Wörter kannst du lesen? Unterstreiche sie.

Weltraum

auf

Auto

Frau

Auge

Urlaub

Astronaut

taumeln

Baum

blau

Maus

auch

Traum

laufen

laut

2. Wo hörst du **Au au**?
Kreuze das richtige Kästchen an.

 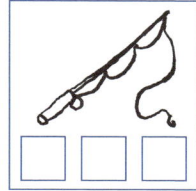    

3.

Au   Au

au   au

4. Sprich deutlich. Baue die Wörter auf.

 Au

Au au

Mein Name:

1. Lies jedes Wort. Schreibe das passende Reimwort dazu.

Maus   kaufen   Mauer   blau   Raum   bauen

Laus

Baum

schlau

Bauer

laufen

schauen

2. Ziehe hinter jedem Wort einen Strich.
Schreibe Wort für Wort auf. Denke an den Punkt.

EINERAKETERASTINDENWELTRAUM

3. Schreibe zu dem Bild eine Geschichte.

58

© 2008 Oldenbourg Schulbuchverlag. Mimi die Lesemaus. Arbeitsheft

G g

Mein Name:

1. Male alle Felder mit **G** grün an.
Male alle Felder mit **g** gelb an.

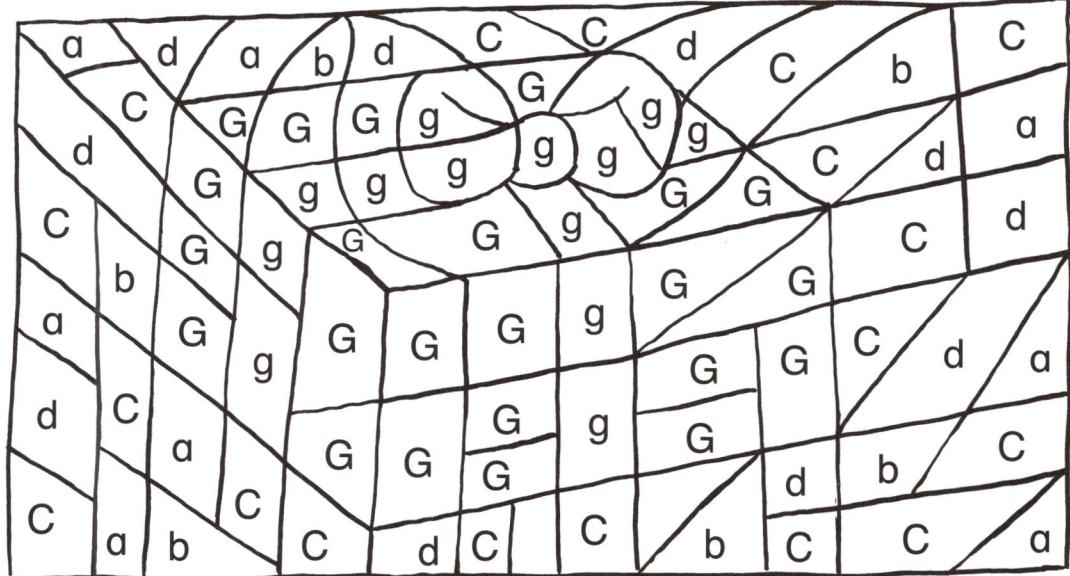

2. Zeichne in die Gans ein **G**.

3. Fahre **G** und **g** mit verschiedenen Farben nach.

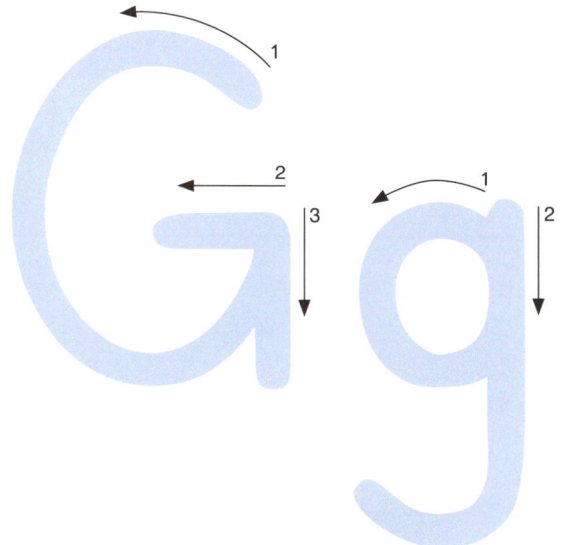

4.

G g  Mein Name:

1. Schwinge und zeichne die Silbenbögen zu jedem Bild.
Schreibe die Wörter auf.

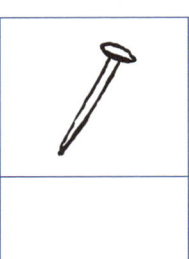

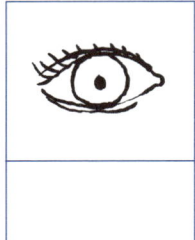

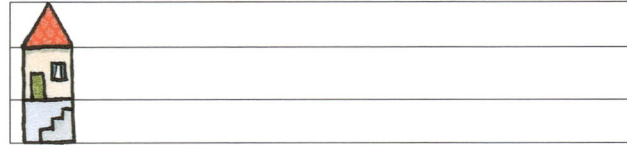

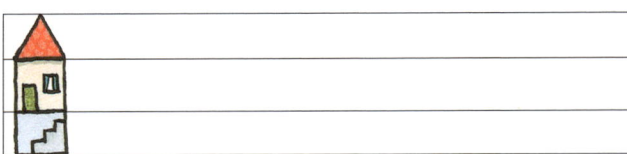

2. Welche Teile passen zusammen? Verbinde und schreibe die Wörter auf.

Ti   gel

Gar ten

Na   ger    Tiger

Wa   gen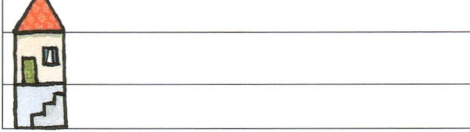

© 2008 Oldenbourg Schulbuchverlag. **Mimi die Lesemaus.** Arbeitsheft

G g 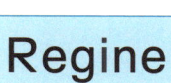 Mein Name:

1. Bilde Sätze. Schreibe die Sätze auf.

Timo		Geschenke.
Mimi	**mag**	Schokolade.
Geli		ein Glas Saft.
Regine		Gurken.

 2. Was magst du? Schreibe in dein Heft.

3. In jedem Wörterturm steht ein Wort, das nicht passt. Streiche es durch.

Geburtstagskind	Gartentor	Regenschirm
Geburtstagsfest	Gartenauto	Regenbogen
Geburtstagsgeschenk	Gartenmauer	Regenwolke
Geburtstagsbett	Gartenbank	Regenwurm
Geburtstagstorte	Gartenarbeit	Regentelefon

ng 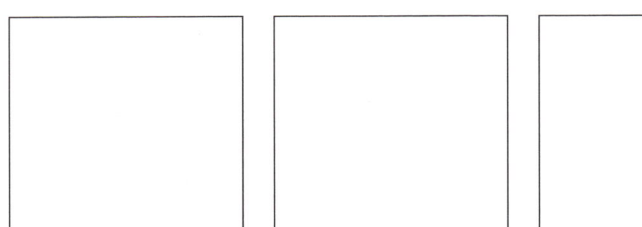 Mein Name:

1. Kreise **ng** ein.
Lies die Wörter. Zeichne dazu Bilder.

Schlange	Ring	Engel	Angel	Finger

2. Lies und ziehe nach jedem Wort einen Strich.
Kreise **ang** rot ein. Kreise **ing** blau ein.

ANFANGSCHLANGERINGANGELKLINGELFINGER

ang	ing

3. Schreibe einen Satz mit diesen Wörtern.   lang   Schlange   fangen

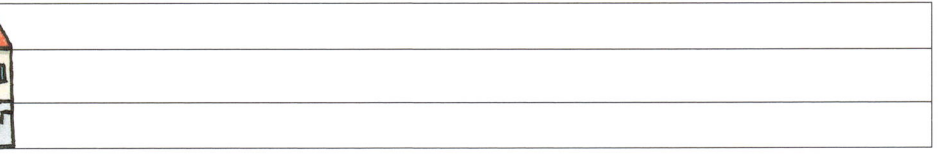 

✿ **4.** Was weißt du noch über Schlangen? Schreibe in dein Heft.

© 2008 Oldenbourg Schulbuchverlag. Mimi die Lesemaus. Arbeitsheft

1. Fahre **ck** mit verschiedenen Farben nach.

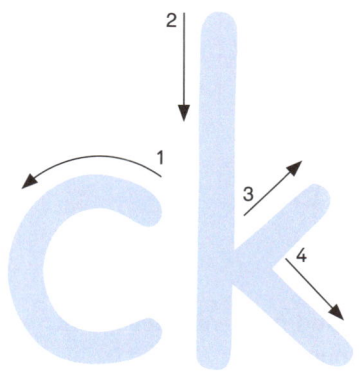

2.

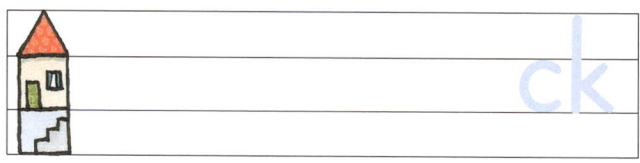

3. Verbinde jedes Wort mit dem passenden Bild.

Wecker

Sack

Glocke

Rucksack

Rock

Socken

4. Welcher Wortanfang passt? Verbinde.

Fl

Ml

eck

S

T

ack

So

Su

cken

5. Schreibe den Satz in der richtigen Reihenfolge auf. Denke an den Punkt am Ende.

Nicki   den   Rucksack.   nimmt

P p

 Mein Name: _____

1. Male alle Felder mit **P p** an.

p	P	p	P	p	D	u	p	P	p	p	p	p	p	P	p	P	p
P	p	p	P	P	p	P	p	b	i	s	t	p	P	p	P	p	p
P	p	p	p	P	f	e	r	t	i	g	P	p	p	P	p	P	p

2. Wo hörst du **P p** ? Kreuze das richtige Kästchen an.

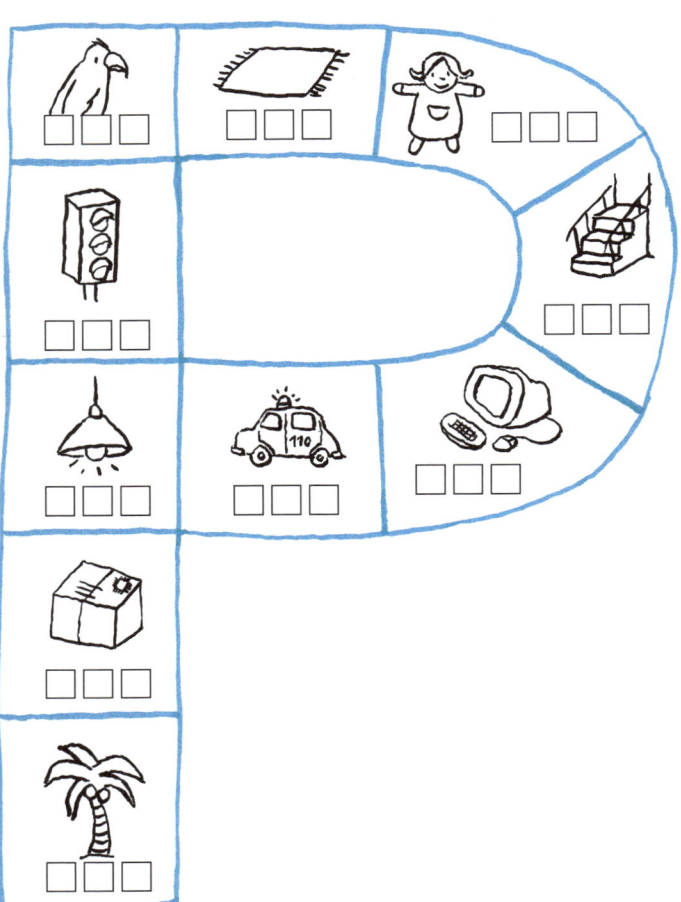

3. Fahre **P** und **p** mit verschiedenen Farben nach.

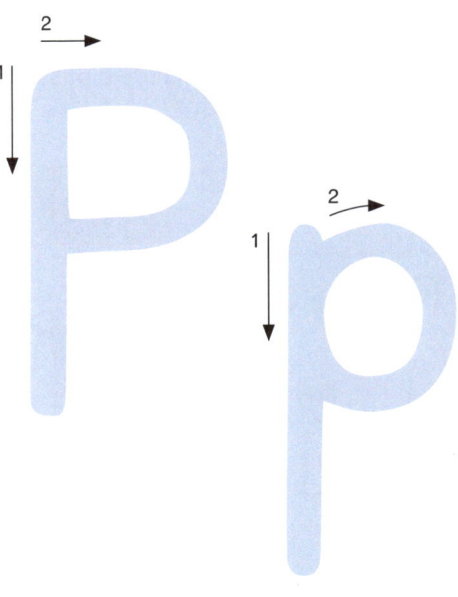

4.

© 2008 Oldenbourg Schulbuchverlag. **Mimi die Lesemaus.** Arbeitsheft

P p

 Mein Name:

1. Kreise in jeder Zeile den Buchstaben ein, der vor der Zeile steht.

P	p P D d p G P B b P p D P p B G B p
p	D P p D D P G G p B b p P d p P G g
d	P D G d D B D p d B B d P B d G p P
b	b D b B G g D b B g b B p b B P p g
B	B b d B b B d G B b P B b p P b b d

2. Schreibe die Wörter richtig in die Rätsel.
Schreibe die Lösungswörter auf.

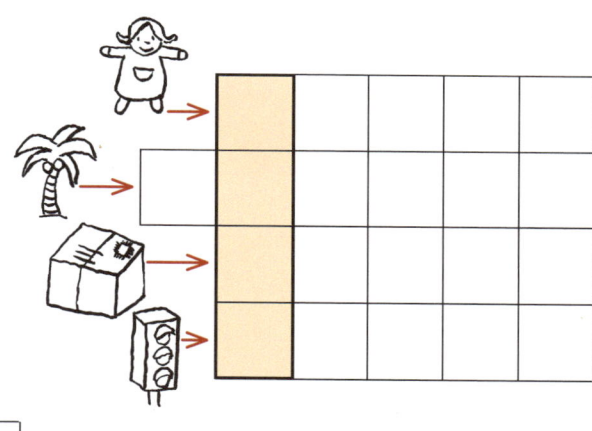

3. Sprich deutlich. Baue die Wörter auf.

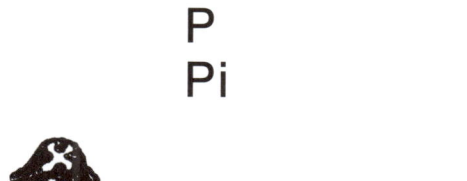

P
Pi

Pf pf

Mein Name:

1. Kreise **Pf** grün und **pf** gelb ein.
Verbinde jedes Wort mit dem passenden Bild.

Apfel   Pferd   Pflaume   Pfau   Knopf   Pfeife   Pfanne

2. Suche Reimwörter mit **Pf**. Schreibe sie auf.

S	au

H	e	r	d

W	a	nn	e

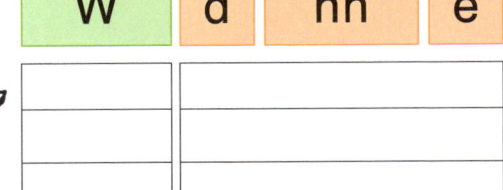

S	ei	f	e

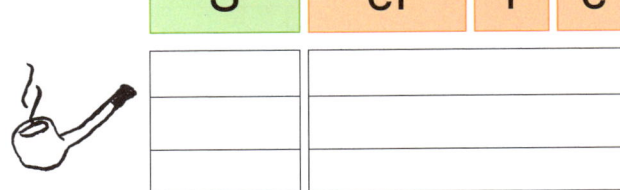

3.

Apfel

Pferd

Pfeil

Knopf

© 2008 Oldenbourg Schulbuchverlag. Mimi die Lesemaus. Arbeitsheft

1. Hier verstecken sich 10 Wörter mit **ie**. Male die Wörter gelb an.
Kreise **ie** grün ein.

d	T	i	e	r	S	c	h	m	D	i	e	b	e	e	m	d	h	w
K	n	i	e	d	k	w	h	L	K	T	B	i	e	n	e	F	a	g
r	a	g	n	k	h	G	R	i	e	s	e	i	n	X	n	i	e	M
e	H	c	s	l	i	e	b	e	n	f	d	u	S	i	e	b	r	t
n	d	u	w	e	f	S	S	S	D	i	e	n	s	t	a	g	R	
h	n	m	f	l	i	e	g	e	n	m	l	k	Ü	ö	ä	u	a	t

2. Zeichne die Silbenbögen.
Verbinde jedes Wort mit dem passenden Bild.

Riese  Sieb

Biene   Wiese

Liebe    Tiere

3. Trage ein.   der   die   das

	Riese		Nase		Schokolade
	Bein		Mund		Blume
	Auge		Ball		Mutter

1. Male alle Regentropfen mit **β** hellblau an.

2. Kreise alle **β** in der Geschichte ein.
Male alle Sätze, die gesprochen werden, gelb an.
Lies die Geschichte vor.

Glaubst du das?

Es regnet. Es gießt sogar.

„Weißt du was", ruft Dieter,

„wir bleiben draußen im Garten. Regen ist toll!"

Natascha nickt begeistert:

„Im Regen werden wir groß!

Morgen sind wir riesengroß!"

3. Fahre **β** mit verschiedenen Farben nach.

4.

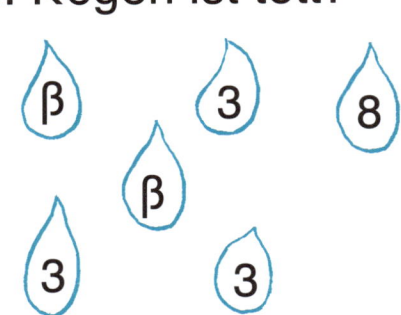

5. Schreibe **groß** oder **weiß** neben die Bilder.

© 2008 Oldenbourg Schulbuchverlag. Mimi die Lesemaus. Arbeitsheft

1. Kreise alle **ch** rot ein.

c   sch   ch   sch
c
a   sch   a   ch   sch
sch   ch   sch
ch   c   ch   ch   c
ch   ch   sch   ch
ch   sch   c   ch   sch   ch
ch   c   ch   a   c   ch
a   sch   sch   ch   a   ch
a   ch   ch   ch   c   c   ch
ch   ch   ch   c
c

2. Fahre **ch** mit verschiedenen Farben nach.

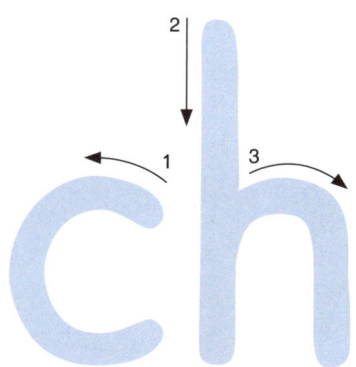

3.

ch   ch

ich

4. Male jedes Wort und das passende Bild in der gleichen Farbe an.

Drachen   Kirche   Buch   Milch   acht   Knochen   Dach   Schach   Koch

© 2008 Oldenbourg Schulbuchverlag. **Mimi die Lesemaus.** Arbeitsheft

1. Schreibe die Namen der Kinder auf.
Fahre gleiche Buchstaben farbig nach.

 Ch

2. Was tun Menschen, was tun Tiere? Verbinde die Wörter.

kochen

schnarchen

lachen

rechnen

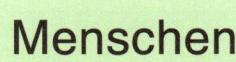

Menschen

Tiere

riechen

tauchen

schleichen

kriechen

 3. Was können Menschen und Tiere noch?
Schreibe in dein Heft.

4. Lies den Text. Schreibe ihn ohne Ziffern richtig auf.

8ung!

Um Mittern8 wird das

Schokoladenschwein geschl8et.

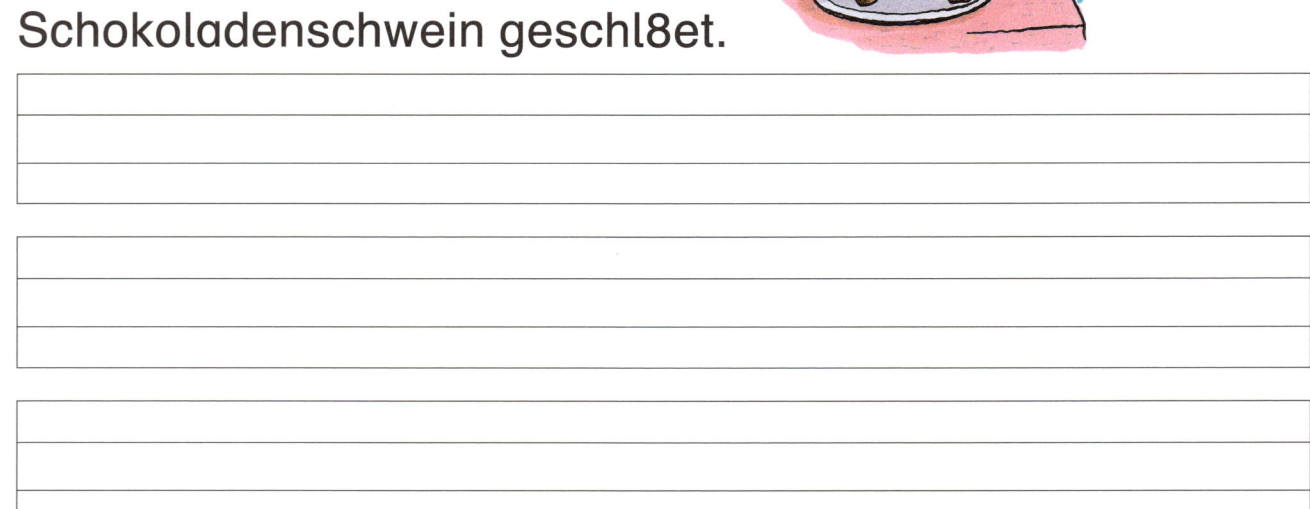

© 2008 Oldenbourg Schulbuchverlag. **Mimi die Lesemaus.** Arbeitsheft

1. Ergänze die Wörter.
Lies die Wörter und schreibe Sätze.

chs chs chs

O___e
Fu___
se___
abwe___eln
Bü___e
Wa___malkreide
Eide___e

6

H h ♥

1. Male alle Felder mit **H** braun an. Male alle Felder mit **h** blau an.

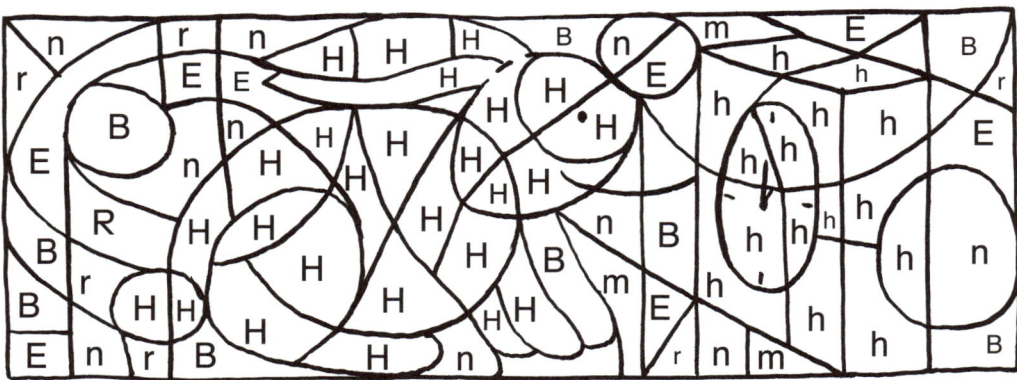

2. Kreise **H** und **h** ein. Verbinde jedes Wort mit dem passenden Bild.

Nashorn   Himmel   Hund   Heft   Uhu

Haus   Hase   Hose   Ahorn   Himbeere

3. Lies die Wörterreihen. Zeichne oben und unten das richtige Bild.

Hase	Hand	Haus	Hut
Has	Han	Hau	Hu
Ha	Ha	Ha	H
H	H	H	Ha
Ho	Hu	He	Hamm
Hos	Hun	Hef	Hamme
Hose	Hund	Heft	Hammer

H h   Mein Name:

1. Male das **H** im Haus an.

2. Fahre **H** und **h** mit verschiedenen Farben nach.

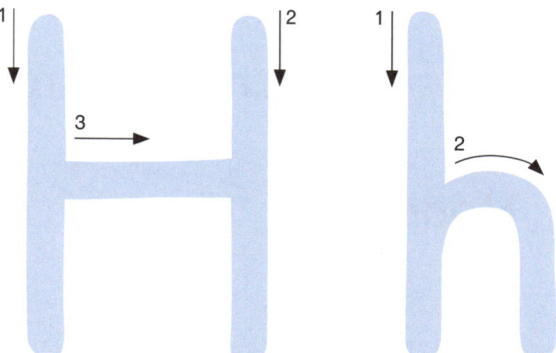

3.

H				H

h				h

4. Oft hörst du das **h** im Wort nicht. Du musst es dir merken.
Lies die Wörter. Schreibe die Wörter auf.

H u a hn

F ahne
S

K uh
Sch

5. Kennst du diese Märchen? Erzähle deinem Partner.
Schreibe in dein Heft.

Ä ä Mein Name:

1. Was gefällt dir? Unterstreiche.
Kreise alle **Ä** und **ä** farbig ein.

Rätsel   Märchen   Ärger   Käfer   Häschen

Mädchen   lächeln   Äffchen   kämmen   Bär

2. Schwinge und zeichne die Silbenbögen zu jedem Bild.
Schreibe die Wörter auf.

Käse   Säge   Bär   Käfer

3. Verbinde jedes Wort mit dem passenden Bild.
Schreibe die Verkleinerungsform auf. Kreise **ä** ein.

 Glas

 Tasse

 Fass

 Gras

 Hase

74

Ö ö

1. Passt das Wort zum Bild? Kreuze passende Bilder an.
Kreise **ö** farbig ein. Zeichne Silbenbögen.

 ☐ trösten

 ☐ flöten

 ☐ hören

 ☐ föhnen

 ☐ trödeln

 ☐ mögen

2. Wo hörst du **Ö ö**?
Kreuze das richtige Kästchen an.

    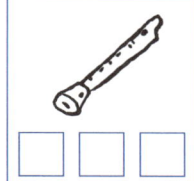 

3. Was findest du schön? Was findest du blöd?
Schreibe auf.

Das ist schön:

Das ist blöd:

Ü ü

Mein Name: _____

1. Kreise alle **Ü** und **ü** farbig ein.

Stück   laut   für

schützt   grün   Füchse   stürmt   fünf

zurück   über   Säugling

länger   wünscht

Rücken   Mücke   Überfahrt

jünger

blüht   Glück   Frühstück

2. Wo hörst du **Ü ü**?
Male die Bilder an.

3. Welche Farben haben die Wörter im Bild?
Schreibe das Wort in der gleichen Farbe auf.

Schlüssel

Rücken

Tüte

Bürste

76

© 2008 Oldenbourg Schulbuchverlag. Mimi die Lesemaus. Arbeitsheft

St st ⭐ Mein Name:

1. Lies die Wörter wie man sie spricht.
Kreise Wörter, die mit **St st** beginnen, rot ein.
Unterstreiche Wörter, die mit **Str str** beginnen, blau.

Du sprichst scht und schreibst st.

(Stein)   Stängel   steigen   still

Schatten   Stern   stoßen   Stuhl

Stirn   Strauch   stellen   Streit

Stange   Strauß   Schrank   Strom

streicheln stehen   Strand   Star

Stift   Stunde   Salto   Straße

2. Was passt zusammen? Verbinde.
Schreibe einen Satz auf. Du kannst auch eigene Sätze erfinden.

Am Tisch	steht ein Haus.
In der Steckdose	steckt ein Stock.
Am Strand	steckt ein Stecker.
Im Stiefel	steht ein Stuhl.

Sp sp

Mein Name:

1. Lies die Wörter, wie man sie spricht.
Kreise Wörter, die mit **Sp sp** beginnen, rot ein.
Unterstreiche Wörter, die mit **Spr spr** beginnen, gelb.

> Du sprichst schp und schreibst sp.

Spaß	Spardose	Spiegel	Suppe
Springseil	Spagetti	Spaten	Spiel
Spinnrad	Schraube	Schrank	Speck
sparen	Scherben	Sprache	Sport
sprechen	springen	Spinne	Sprossenwand
spucken	spielen	sorgen	Scheibenwischer

2.

Spinne

spielen

3. Trage die Lösungswörter ein.
Die Wörter findest du auf Seite 77 und 78.
Schreibe das Lösungswort auf.

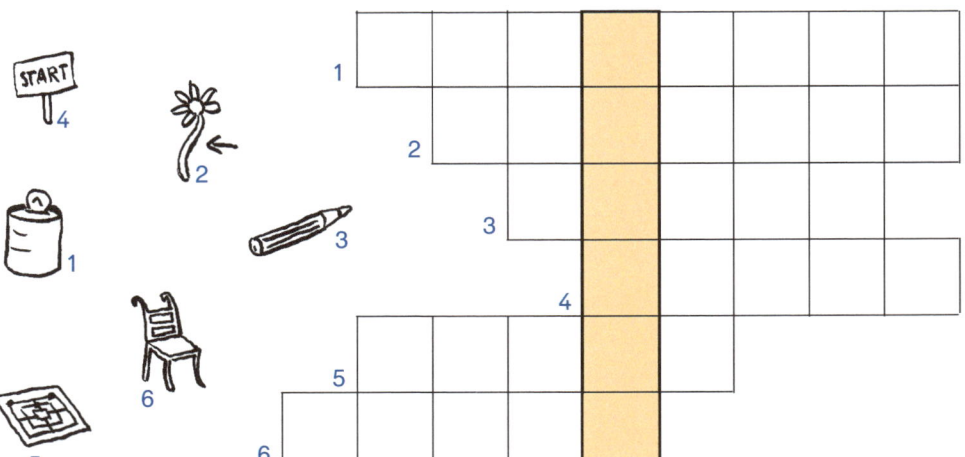

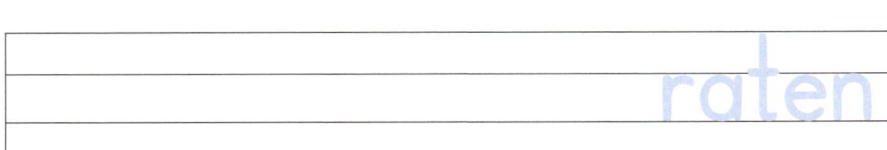

raten

© 2008 Oldenbourg Schulbuchverlag. **Mimi die Lesemaus.** Arbeitsheft

Z z  Mein Name:

1. Wo hörst du **Z z**?
Kreuze das richtige Kästchen an.

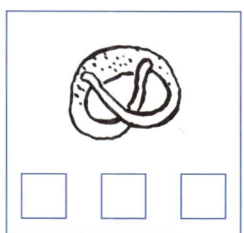 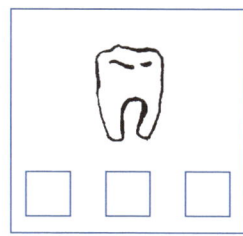   

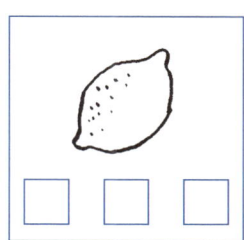 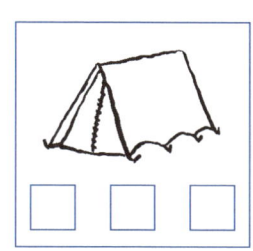   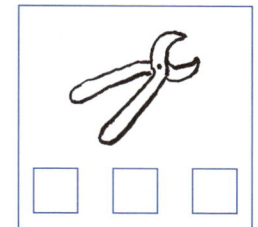

2. Fahre **Z** und **z** mit verschiedenen Farben nach.

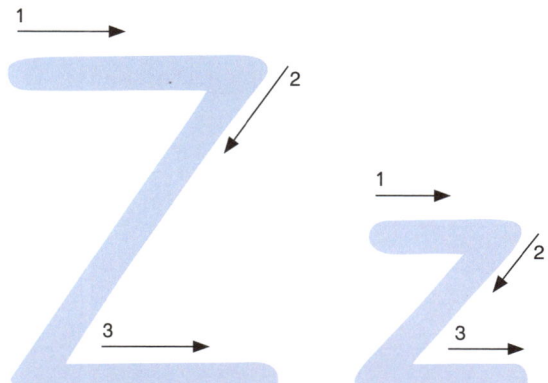

3. Schreibe **Z z** in die Rechtecke.

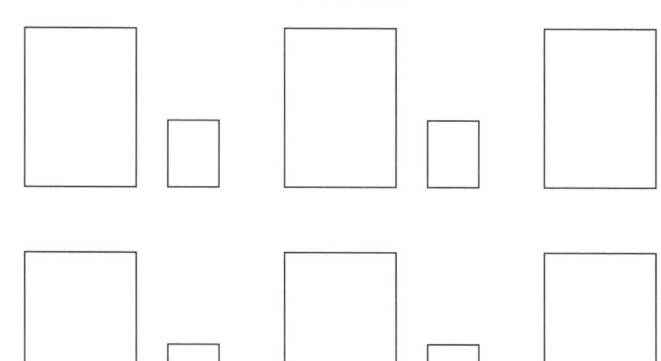

4.

Z z   Z z

Zahn

5. Kreise alle **Z** und **z** gelb ein.
Kannst du den Satz lesen, ohne dich zu versprechen?

Zehn Ziegen zogen zwei Zentner Zucker zum Zoo.

6. Kennst du noch einen Zungenbrecher? Sprich ihn deinem Partner vor.
Schreibe ihn in dein Heft.

© 2008 Oldenbourg Schulbuchverlag. **Mimi die Lesemaus.** Arbeitsheft

Z z

Mein Name:

1. Hier verstecken sich 12 Wörter mit **z.** Male die Wörter gelb an.
Schreibe die Wörter auf.

T	Z	a	n	g	e	r	S	Z	a	h	l	i	e	Z	ä	h	n	e
z	w	e	i	r	a	Z	i	m	m	e	r	L	Z	i	Z	e	i	t
D	m	z	w	ö	l	f	S	c	Z	S	i	z	e	i	g	e	n	m
ö	u	t	r	Z	e	b	r	a	G	z	e	h	n	e	i	n	d	e
F	Z	w	i	e	b	e	l	i	e	Z	u	c	k	e	r	w	f	e

2. Aus zwei Wörtern kannst du ein langes, neues Zahnwort bilden.
Schreibe die neuen Wörter zu den richtigen Bildern.

a — Arzt

r

Zahn — Rad

w — Weh

p — Pasta

3. Verbinde alle Reimwörter. Kreise alle **tz** ein.

Spitz	Spitze	Blitz	Spatz	Katze	Tatze
Hitze	Sitz	Spritze	Schatz	Platz	Glatze

Eu eu

1. Trage die Wörter ein.
Schreibe das Lösungswort auf.

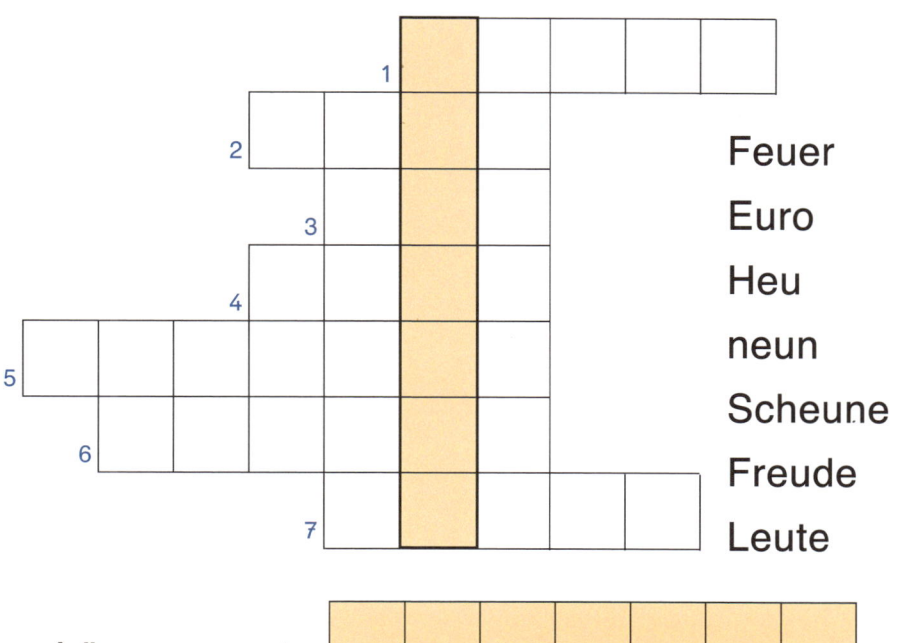

Feuer
Euro
Heu
neun
Scheune
Freude
Leute

Lösungswort:

2. Kreise **eu** ein.
Bilde Sätze mit vielen **Eu eu.**
Schreibe mindestens einen Satz auf.
Du kannst auch Unsinnssätze schreiben.

Fr(eu)nd Freundin heulen seufzen freuen

schleudern keuchen teuer treu neu neun

scheu euch euer heute neulich Heu

V v

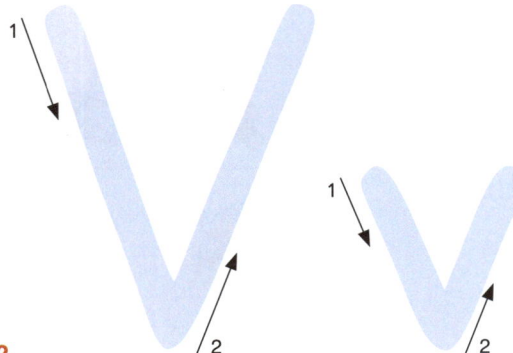

Mein Name:

1. Fahre **V** und **v** mit verschiedenen Farben nach. Schreibe **V** und **v**.

2.

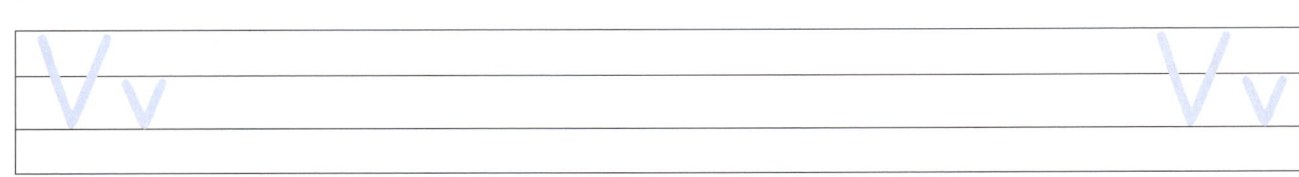

3. Nur wenige Wörter schreibst du mit **V v**.
Du musst sie dir merken. Schreibe das Wort auf.

Vater	Vogel

Nerv	voll

viel	Veilchen

4. Zeichne passende Bilder.

vier Vögel

viele Veilchen

5. Pass auf! Hier sprichst du **V v** anders. Kreise **V v** ein.

Vase   Villa   November   Klavier   Vampir   Advent   Vera

82

V v

1. Bilde mit den Vorsilben **ver-** und **vor-** neue Wörter.

laufen   sprechen   lesen   schreiben

vor	ver

2. Suche Vogelwörter. Schreibe sie auf.
Erfinde eine Geschichte mit den Vogelwörtern.

Vogel

1. Was träumt Mimi? Male oder schreibe.

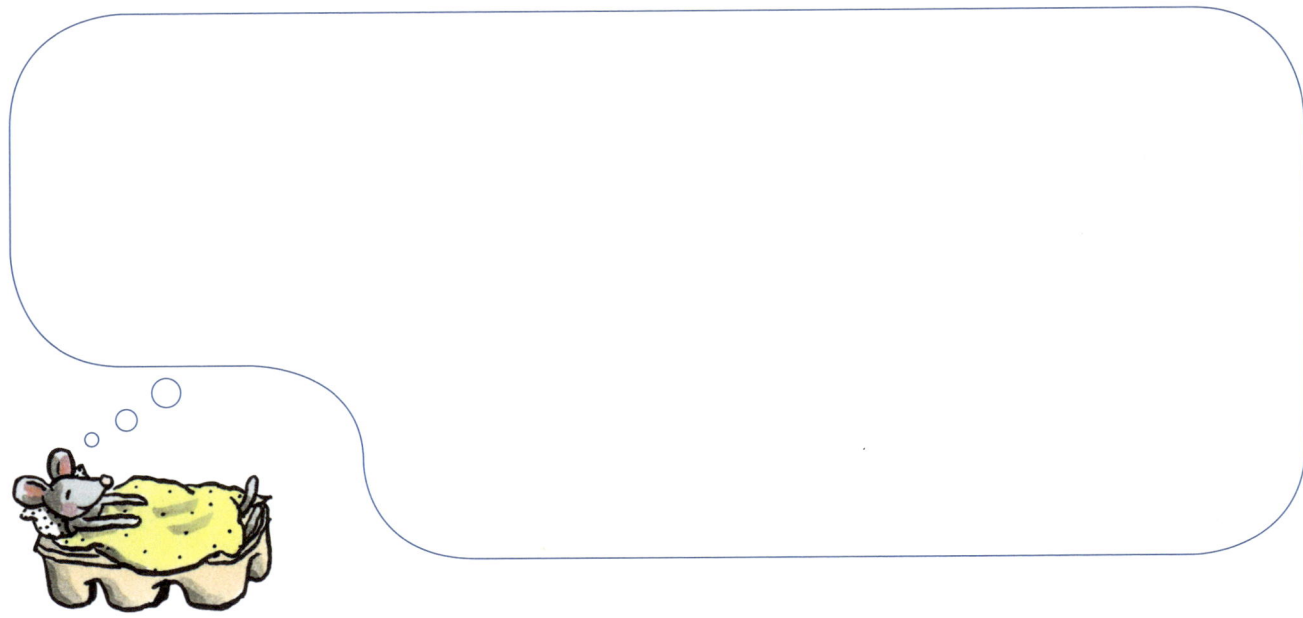

2. Hokus pokus! Zaubere viele Dinge.
Schreibe auf. Kreise **au** und **äu** farbig ein.

Baum   Haus   Traum   Maus   Zaun   Kraut   Strauch

ein Baum	viele Bäume

© 2008 Oldenbourg Schulbuchverlag. **Mimi die Lesemaus.** Arbeitsheft

1. Hokus pokus! Alle Dinge werden klein.
Schreibe die Namen der kleinen Dinge mit **-chen** oder **-lein** auf.
Kreise **au** und **äu** farbig ein.

Baum   Maus   Auge   Bauch   Zaun   Haus

ein Baum	ein Bäumchen

2. Bei jedem Bild fehlt etwas Wichtiges. Zeichne es dazu.

Neben dem Haus stehen sechs Bäume.	Die Kinder entdecken im Wald ein Häuschen aus Lebkuchen.

Mimi schläft auf einem lila Kissen und träumt.	Die Verkäuferin hat lange und rote Haare.

J j

Mein Name:

1. Fahre **J** und **j** mit verschiedenen Farben nach.

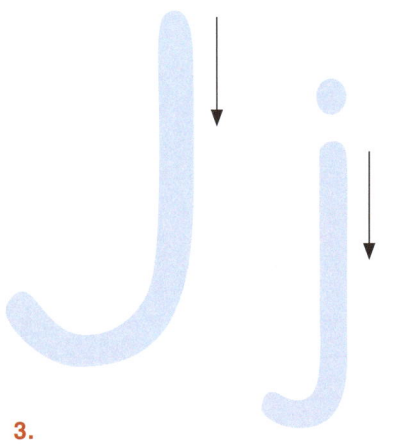

2. Wo hörst du **J j**? Male die Bilder an.

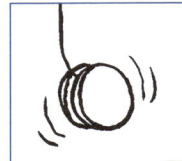  

3.

4. Schreibe die Monatsnamen auf.

5. Suche die Reimwörter und verbinde sie.
Schreibe sie nebeneinander auf.

Leder   ja

Trubel   Junge

jodeln   fragen

da   rodeln

jeder   Jubel

Zunge   jagen

86

J j

Mein Name:

1. Male alle **J j** an. Kannst du die Zungenbrecher ohne Fehler lesen?

Jäger Jakob jagt in Japan einen Jaguar.

In Japan jagt Jäger Jakob einen Jaguar.

Jagt Jäger Jakob in Japan einen Jaguar?

Ja, wer jagt denn in Japan einen Jaguar?

2. Kreise alle **J j** ein.
Was stimmt? Schreibe **ja** oder **nein** neben die Sätze.

Jochen ist ein Mädchenname.

Sonja ist ein Jungenname.

Im Juni und Juli ist Sommer.

Alle Kinder jubeln, wenn sie traurig sind.

3. Schreibe Sätze.

Jasper bastelt aus Klopapierrollen einen Zug.
Was bastelst du aus Müll?

© 2008 Oldenbourg Schulbuchverlag. **Mimi die Lesemaus.** Arbeitsheft

Qu qu  Mein Name:

1. Fahre **Qu** und **qu** mit verschiedenen Farben nach.

2.

Qu   Qu

qu   qu

3. Lass die Frösche quaken.

quak

4. Wo hörst du **Qu qu**?
Male die Bilder an.

Qu qu

Mein Name:

1. Bilde Reimwörter mit **Qu** und **qu.** Schreibe sie auf.

Matsch

Quatsch

schwer

Halm

klatschen

Welle

Halle

2. Lies die Wörter. Schreibe die Sätze in der richtigen Reihenfolge auf.
Denke daran: Ein Satz fängt immer mit einem großen Buchstaben an.

| laut. | Frosch | Ein | quakt |

| Im | Schwein. | quiekt | ein | Stall |

| schwimmt | Ein | Fisch | im | Aquarium. |

3. Lies die Wörter.
Schwinge und zeichne Silbenbögen. Kannst du deinem Partner die Wörter erklären?

Aquarium   Quelle   Quatsch   Qualm   Quadrat   Qualle

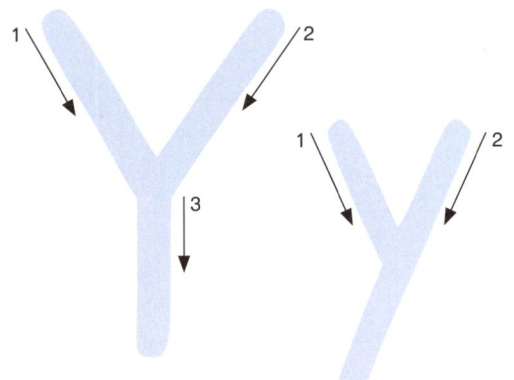
1. Fahre **Y** und **y** mit verschiedenen Farben nach.

Ypsilon

Y ist der vorletzte Buchstabe im ABC.

Am Wortanfang kann **y** als **i**, als **j** oder

als **ü** gesprochen werden.

In der Wortmitte wird **y** als **ü** gesprochen,

am Wortende als **i**.

2.

Yy   Yy

Teddy

Baby

3. Kreise **y** rot ein, wenn du **ü** sprechen musst. Kreise **y** blau ein, wenn du **i** sprechen musst.
Kreise **y** grün ein, wenn du **j** sprechen musst.

Aus einem Lexikon

Labyrinth

Ein Labyrinth ist ein Irrgarten.
Es gibt viele Wege und der Ausgang
ist schwer zu finden. Pass auf,
dass du dich nicht verirrst!

Yoga

Mit Yoga kannst du dich bewegen
und entspannen. Diese Übungen
heißen Blume und Baum.
Yoga kommt aus Indien.

Pony

Ponys sind keine jungen Pferde,
sondern eine Pferderasse. Sie werden
so klein gezüchtet. Ponys werden
höchstens so groß wie ein 8-jähriges
Kind (1,40 m).

Hobby

Ida sammelt Briefmarken.
Tony reitet oft. Tinas Mutter strickt gern.
Viele Kinder und Erwachsene haben ein
Hobby.

Handy

Mit diesen kleinen Telefonen können
wir überall telefonieren.
Mit Handys können auch Nachrichten
geschrieben und verschickt werden.

Pyramide

In dem Land Ägypten gibt es Pyramiden.
Es sind riesige Bauwerke. Vor langer
Zeit wurden sie als Grabstätten
für Könige gebaut.

© 2008 Oldenbourg Schulbuchverlag. **Mimi die Lesemaus.** Arbeitsheft

C c

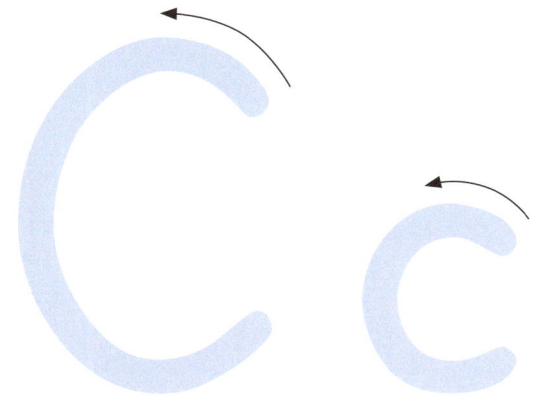

Mein Name:

1. Fahre **C** und **c** mit verschiedenen Farben nach.

2.

C c   C c

Computer

Comic

3. Kreise **C** und **c** ein.
Verbinde die Wörter mit dem richtigen Bild.

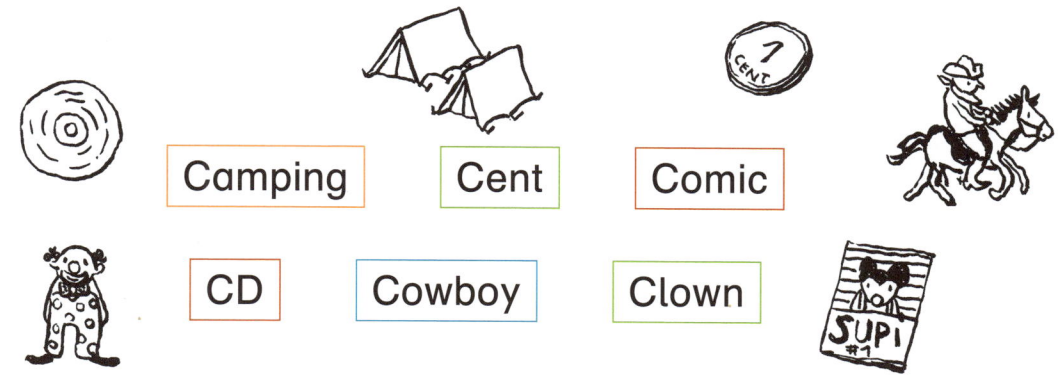

Camping   Cent   Comic

CD   Cowboy   Clown

4. Lies die Wörter. Unterstreiche Mädchennamen rot, Jungennamen blau, Computerwörter gelb.

Claus   Conni   Luca   Marco   Clown   PC

Comic   Camping   Maracuja   Cowboy   Computer

Claudia   Cornelia   CD   Computerclub

 5. Schreibe die Wörter von Aufgabe 4 geordnet in dein Heft.

X x

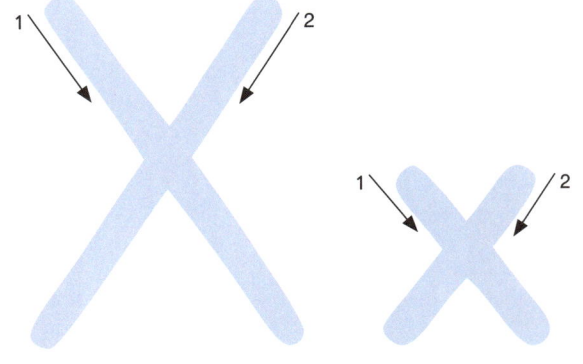

Mein Name:

1. Kreise alle **X** und **x** ein.

Ixen, dixen, Silbernixen,
ixen, dixen, daus,
du bist raus.

Besengret, die Wetterhexe,
hext den Regen, hext den Schnee,
fegt auf ihrem Hexenbesen
über Felder, Berg und See.

2. Fahre **X** und **x** mit verschiedenen Farben nach.

3.

X x   X x

Hexe

4. Wo hörst du **X x**? Male die Bilder an.

   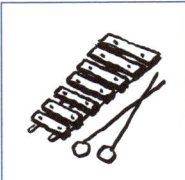  

5. Schreibe die Wörter zu den Bildern.

| Mixer | Nixe | Axt | Xylofon | Taxi | Boxer |

92

© 2008 Oldenbourg Schulbuchverlag. **Mimi die Lesemaus.** Arbeitsheft

1. Lies die Sätze und ergänze die Bilder.

Die Hexe fliegt auf ihrem Hexenbesen.

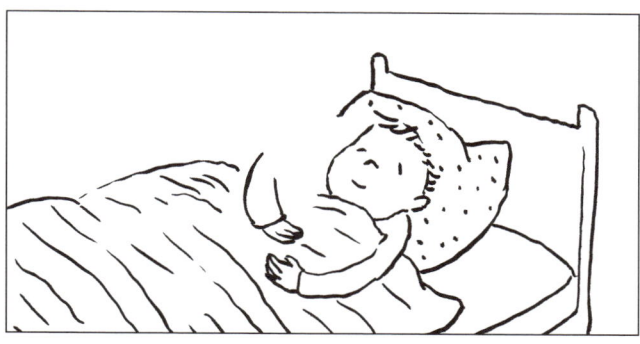

Axel hält seinen Teddy im Arm und schläft.

Onkel Alex sitzt mit Mimi im Taxi.

Alexandra füttert die Fische.

Nalan isst ein Brot.

Meral informiert sich im Internet.

Die Katze saust mit dem Roller los.

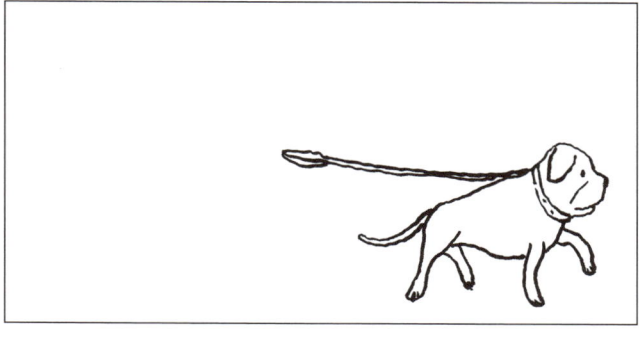

Xenia geht mit ihrem Boxer spazieren.

1. Wie heißen die Wörter in der Schnecke? Schreibe sie auf.

2. Kannst du eine Geschichte zu den Schneckenwörtern erzählen? Schreibe sie in dein Heft.

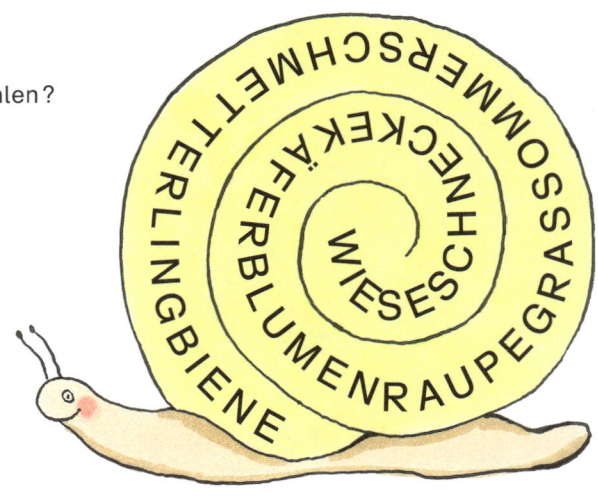

3. Lies die Wörter. Schwinge und zeichne Silbenbögen. Verbinde jedes Wort mit dem passenden Bild.

Schmetterling   Sonnenblume

Apfelkuchen   Schokoladeneis

Vogelfeder   Laubfrosch

Marienkäfer   Honigbiene

1. Lies genau. Kannst du die Tiere erraten?

> Dieses Tier frisst gerne Mäuse.
> Es schnurrt laut, wenn man es streichelt.
> Manchmal faucht es auch ganz laut.

> Das Tier hat kein Fell.
> Es kann schwere Lasten tragen.
> Es hat einen langen Rüssel und Stoßzähne.

2. Schreibe ein eigenes Tierrätsel. Lass deinen Partner raten.

3. Hier sind 10 Tiere versteckt. Lies auch von oben nach unten.
Male die Wörter gelb an. Schreibe die Tiere auf.

A	F	F	E	C	H	H	U	N	D	K	X	F	L
H	K	K	R	O	K	O	D	I	L	G	W	Z	Ö
N	A	S	H	O	R	N	Q	Z	A	A	F	E	W
G	M	A	E	M	P	Ü	Q	W	X	N	D	B	E
J	E	S	E	L	L	F	I	N	S	S	T	R	L
L	L	G	O	I	H	A	S	E	W	I	U	A	S

1. In jedem Bild auf dieser Seite ist ein Großbuchstabe versteckt.
Manchmal musst du das Blatt drehen.
Male die Buchstaben bunt an.

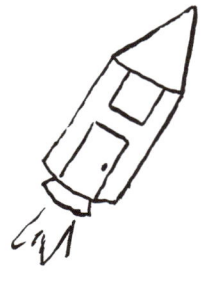

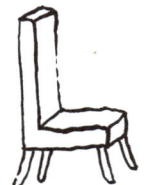